Gabriele Haug-Schnabel

Aggression bei Kindern

Gabriele Haug-Schnabel

Aggression bei Kindern

Praxiskompetenz für Erzieherinnen

HERDER

FREIBURG · BASEL · WIEN

Mit diesem Buch möchte ich allen Erzieherinnen und Erziehern danken, die uns bei Teambegleitungen, bei Verhaltensbeobachtungen in den Einrichtungen und bei der gemeinsamen Arbeit auf Fortbildungen immer wieder neu vor Augen führen, welche wichtigen Sozialisationsimpulse Kindertagesstätten bei der Konfliktbewältigung geben können.

Das Aggressionsbuch ist ein echtes FVM-Buch: Danke an Sonja von Stetten für den begeisterten Einstieg ins Thema und die bereichernde Zuarbeit. Danke an Joachim Bensel, dessen Rückfragen mal wieder die Diskussion und somit das Buch „auf den Punkt" gebracht haben.

© Verlag Herder GmbH, Freiburg im Breisgau 2009
Alle Rechte vorbehalten
www.herder.de

Umschlaggestaltung und -konzeption:
R·M·E Roland Eschlbeck / Rosemarie Kreuzer
Umschlagabbildung: © Hartmut W. Schmidt, Freiburg
Fotos im Innenteil: © Hartmut W. Schmidt, Freiburg (S. 8, 44, 62, 98); © FVM Kandern (S. 22, 162); © Michael Cecilio, 2008 (S. 116); © Kindergarten Kartung, Sinzheim (S. 148)

Satz: Weiß-Freiburg GmbH – Graphik & Buchgestaltung
Herstellung: Graspo

Gedruckt auf umweltfreundlichem, chlorfrei gebleichtem Papier
Printed in Czech Republic

ISBN 978-3-451-32181-8

Inhalt

Vorwort

Ein Kind, das erlebt, dass es mit eigenen aggressiven Impulsen zurechtkommt, die aggressiven Angriffe anderer Kinder nicht nur verkraftet, sondern klärend beantworten kann, verspürt einen wichtigen Entwicklungsfortschritt. Kinder im Umgang mit Aggressionen zu unterstützen, ist ein wesentlicher Beitrag zu einer immer differenzierter werdenden sozialen Informationsverarbeitung und somit Prävention pur. Die Entwicklungsforschung zeigt, dass Selbststeuerungsfähigkeiten nur mit Unterstützung der Bezugspersonen ausgebildet werden können. Es gehört so viel dazu: sich selbst in unterschiedlichen Situationen erleben, Interaktionssignale anderer wahrnehmen und verstehen, Selbstwirksamkeit spüren, sich nicht bei einer Tätigkeit stören, sich nicht unterbrechen lassen, sich behaupten können.

So zerstörerisch und gefährlich unkontrollierte Aggression sein kann, so wichtig ist aggressives Auftreten an der richtigen Stelle, mit angemessenen Mitteln in passender Dosierung. Auch Sozialkompetenz verlangt ein gewisses Maß an Aggression. Zur Selbststeuerung gehören Probleme lösen, den Moment der Instabilität überstehen und Frustration bewältigen, aber auch in Notfällen Unterstützung holen und den Stress verarbeiten können. Deshalb ist Konfliktfähigkeit ein wesentlicher Schutzfaktor: Eine verbesserte Selbststeuerung erhöht die Selbstsicherheit eines Kindes, diese wirkt sich positiv auf seine Konfliktlösungen aus. Besonders spannend aber ist, dass diese Kinder im Kindergarten angebotene Bildungsinhalte nachgewiesenermaßen besser annehmen und in ihr Handeln und Verstehen integrieren können. Wer nicht durch ungelöste Konflikte abgelenkt ist, ist für Anregendes in unterschiedlichsten Bereichen ansprechbarer.

Es lohnt sich, mit Aggressionen kompetent umgehen zu können. Hierzu brauchen Kinder Erwachsene als aufmerksame Beobachter, als Modelle, als Regelverwalter, als Schlichter und Tröster. Den Umgang mit Aggressionen lernt niemand allein.

Gabriele Haug-Schnabel
im Januar 2009

1 Aggression bei Kindern – und wo ist das Problem?

Konkrete Fragen aus der Praxis ...

- ❯ Wäre es nicht am besten, wenn es überhaupt keine Aggression und keinen Streit geben würde?

- ❯ Worüber geraten sich Kindergartenkinder in die Haare?

- ❯ Stimmt es, dass Aggression und Gewalt bei Kindern und Jugendlichen in den letzten Jahren zugenommen haben?

- ❯ Ist die Familie schuld, wenn die Kinder über die Stränge schlagen?

1.1 Praxisalltag: „Auf Aggressionen könnt´ ich gut verzichten!"

Aggressionen sind „theoretisch" durchaus interessant und Konflikte als solche auch nicht dramatisch. Aber im Kindergartenalltag, hautnah damit konfrontiert und zur Beantwortung aufgefordert, wird alles Aggressive zum unattraktiven Thema, da es Hilflosigkeit spüren und Angst oder Eigenaggression aufkommen lässt.

Aggression und Konflikt sind Reizworte, die in jeder Erzieherfortbildung thematisiert werden – egal, welcher pädagogische Schwerpunkt bearbeitet wird. Kaum jemand fühlt sich fit in Sachen Aggressionsbewältigung:

- „Ausbildungsmäßig bin ich ungenügend auf den Umgang mit Konflikten vorbereitet."

- „Theoretisch wie praktisch habe ich Defizite. Es fehlt mir an Wissen, an Umsetzungsroutine – und dass das nicht nur bei mir so ist, habe ich im Laufe vieler Gespräche festgestellt."

- „Meine schulische Vorbereitung auf Alltagsprobleme, zu denen Aggressionen und Konflikte gehören, würde ich heute als unzureichend bezeichnen. Damals war ich jedoch froh, dass nicht noch mehr trockener Stoff kam, der in der Prüfung verlangt werden konnte."

- „Ich habe während der Ausbildung den Eindruck gewonnen, dass in einem pädagogisch gut geführten Kindergarten wenige Konflikte vorkommen und schon gar keine Aggressionen. Die Praxis hat mich zuerst in eine ‚Bist-du-eigentlich-die-Doofe-Krise' fallen lassen. Dann habe ich nach praktikablen Lösungen gesucht, die doch kommenden Aggressionen zu bearbeiten. Und das Beste ist, immer mehr halte ich Aggressionen für gesund, ja sogar für befreiend."

- „Unser Team fühlt sich nicht oder nur ungenügend auf den Umgang mit Konflikten vorbereitet. Eventuell passt unsere Ausbildung auch nicht mehr zu den heutigen Anforderungen an das Bewältigen von Aggressionen und Konflikten."

- „Meine theoretischen Kenntnisse haben in der Praxis null gebracht. Entweder waren sie soweit weg, dass ich im Notfall nicht darauf zurückgreifen konnte, oder sie waren so abwegig, dass sie den Weg in die Praxis nicht überstanden haben."

- „Am Anfang mache ich immer so, als ob ich nichts sehen und nichts hören würde. Vielleicht habe ich ja Glück, und es regelt sich von selbst. Ich tue also immer zuerst so, als gäbe es keinen Konflikt. Geht meine Rechnung nicht auf, mache ich auf überrascht: Wie konnte etwas so Unerwartetes geschehen?"

- „Was bedeuten Konflikte für Kinder? Sind sie so schlimm wie für uns? Ich glaube nein, sie gehören zum Kinderalltag dazu und sind ganz schnell vergessen. Ein kurzes Kloppen, dann wieder ein Herz und eine Seele. Auseinandersetzungen sind erst dann schlimm, wenn ein Kind immer verliert und sich nie durchsetzen kann."

- „Sollen Kinder ihre Konflikte nach Erwachsenenart lösen? Immer nur reden? ... Eine kurze Rangelei und die Sache ist gegessen. Vielleicht sind es nur unsere Berührungsängste, die uns immer gleich schreien lassen: Alles, nur nicht Hauen! Ich bin natürlich nicht für eine wilde Prügelei."

- „Ich denke oft, wir alle haben Angst vor Aggressionen, weil sie uns verunsichern. Bis aufs Hemd ausziehen. Ihr Ende – wie es ausgeht – nicht abzusehen ist. Wir reagieren oft aus dem Bauch heraus und bereuen schon wenige Minuten später, was wir getan haben. Wieder so scharf dazwischen. Ein Kind als böse hingestellt. Eine Entschuldigung verlangt, immer einen Schuldigen gesucht."

- „Wenn wir die Kinder jetzt so klein bekommen, schon mit zwei oder gar mit einem Jahr, haben wir dann eher Chancen, die Aggression wegzuerziehen?"

• „Aggression hat etwas mit unserer Entwicklungsbegleitung zu tun und damit, wie wir kindliche Konflikte beantworten. Ich mach' das daran fest, dass unsere mit zwei Jahren aufgenommenen Kinder im Alter von fünf Jahren eindeutig weniger aggressive Auseinandersetzungen miteinander haben, in die wir eingreifen müssen, als unsere Kinder, die mit drei oder gar vier Jahren bei uns starten."

1.2 Was sind eigentlich „Aggressionen im Kindergarten"?

Insider wissen sofort, wovon bei Aggressionen im Kindergarten die Rede ist: Wir denken an Streitereien, an Krach, an Schimpfworte, an Beleidigungen, Provokationen, an Stoßen, Schlagen, Kneifen, Beißen, Treten, An-den-Haaren-ziehen, ans Wegnehmen und Kaputtmachen, an Auslachen, Spotten und Hänseln. Es geht um „nicht mitspielen lassen", jemanden aus Gesprächen ausschließen, sich rächen, drohen, quälen, tyrannisieren und einschüchtern, aber auch darum, sich und andere zu verteidigen, sich zu wehren, sich durchzusetzen, zu opponieren und Einhalt zu gebieten.

Um es vorwegzunehmen: Es geht bereits im Kleinstkindalter bei aggressivem Handeln immer um die Verteidigung von etwas oder um das Erkämpfen von etwas! Aggressionen ohne Ursache aus reiner Boshaftigkeit gibt es nicht (siehe Kap. 2.1).

> **Aggressionen ohne Ursache** aus reiner Boshaftigkeit gibt es nicht.

Ein Kind verteidigt sich selbst, es verteidigt aber auch ihm nahestehende andere Kinder gegen Angriffe. Es verteidigt sich und andere bei drohender Gefahr, um unversehrt zu bleiben, um bei seinem Tun möglichst wenig beeinträchtigt und eingeengt zu werden. Mit ebenso viel Engagement verteidigt es Objekte und Territorien; gemeint sind damit all die Dinge, die einem Kind im Moment besonders wichtig sind: das Auto, mit dem es gerade spielt, sein Teddybär, seine Burg im Sandkasten und noch einige Zentimeter Sicherheitsabstand darum herum oder seine geliebte Erzieherin, vor allem der heiß begehrte Platz auf ihrem Schoß. Ein Kind verteidigt aber auch seine Spielidee und seine Pläne, indem es andere Kinder zu bestimmten Handlungen veranlasst oder sie daran zu hindern versucht. Es verteidigt mit individuell unterschiedlicher Vehemenz seine Rechte und seine Interessen, sobald es diese irgendwie bedroht sieht, z. B. das Recht selbst Erfahrungen zu sammeln, auch einmal ungestört allein spielen oder allein essen zu dürfen und nicht immer gefüttert zu werden. Und dazu gehört auch das Recht, den Po nach dem Toilettenbesuch selbst putzen zu dürfen. So wird die Befriedigung wichtiger Bedürfnisse nach Selbstwirksamkeit und Eigenerfahrung aggressiv eingefordert und auch gegen Widerstand durchzusetzen versucht. Das ist der Weg, sein Bedürfnis selbst zu handeln, seinen Bewegungs- und Erkundungsdrang, seine Wissbegierde und seine Wiederholungsbegeisterung zu stillen. Als übermäßig empfundene Anforderungen werden aggressiv verweigert, um einer Enttäuschung und ängstigenden Überforderung entgehen zu können. Denn es ist auch wichtig, die Eigenstabilität zu verteidigen.

Beim aggressiven Handeln geht es aber auch um das Erreichen und Bewahren von Einfluss und Ansehen – eine wichtige Motivation beim Mobbing. Auch um Zuneigung kann gekämpft werden oder darum, Informationen zu erhalten oder Aufmerksamkeit zu erregen. Mit dem Mittel der Aggression wird versucht, die bestehenden Verhältnisse zu kontrollieren, und – wenn nötig – so zu verändern und mitzugestalten, dass sie wieder Sicherheit und Zufriedenheit bieten. Ist dieser Zustand erreicht, gilt es, ihn zu stabilisieren. Es geht um Aufstieg, um Dazugehören, Anerkennung und Dominieren – kurz um einen sicheren, einen einflussreichen Platz in der Gruppe.

Aggressionen sind Teil des Kindergartenalltags wie Spielen, Singen, Lachen und Neues ausprobieren, weil sie zum menschlichen Verhaltensspektrum gehören. Der Kindergarten soll ein Hort der Geborgenheit sein, eine anregende Bildungsumgebung, und er soll die Chance für neue Bezugspersonen und immer vertrauter werdende Spielkameraden bieten. Aber er ist kein konfliktfreier Ort. Und das ist auch richtig so. Denn nur dann kann man lernen, dass Konflikte und ihre

> **Aggressionen sind Teil des** Kindergartenalltags wie Spielen, Singen, Lachen, weil sie zum menschlichen Verhaltensspektrum gehören.

Bewältigung zum sozialen Miteinander gehören, keine Katastrophen bedeuten müssen, sondern nach Schimpfen, Beleidigung und „Wunden-Lecken" nach einiger Zeit und mit Hilfe nachfühlender, vermittelnder Menschen wieder Gemeinsamkeiten möglich sind. Das bedeutet auch, den Kompromiss als Zaubermittel kennen zu lernen. Oder die Erfahrung, wie wenig schlimm und wichtig auch einmal Nachgeben und Verzichten sein können – Verhaltensweisen, die anfangs nur als Demütigung empfunden werden. Aber auch die andere Möglichkeit, wie ein Konflikt enden kann, sollte am eigenen Leib verspürt worden sein: das herrliche Gefühl, gesiegt zu haben, seine Meinung bestätigt, sich also aus gutem Grund durchgesetzt zu haben (siehe Kap. 2.4).

1.3 Das Thema Aggression lässt neuerdings aufhorchen

In der Januarausgabe des Polizei-Newsletters 2008, der vom Lehrstuhl für Kriminologie, Kriminalpolitik und Polizeiwissenschaft der Universität Bochum (Prof. Dr. Thomas Feltes) sowie der TeamConsult, Genf/Zürich und Freiburg i. Br. herausgegeben wird, finden sich Hintergrundinformationen zu einer folgenschweren Zeitungsmeldung: Unter dem Titel „*Jugendgewalt nimmt zu: ‚Die Welt' schreibt's – und alle schreiben ab*" findet sich im Newsletter folgender Hinweis:

„Stein des Anstoßes der jüngsten Mediendebatte zum Thema Jugendgewalt ist ein Artikel der Tageszeitung ‚Welt am Sonntag'. Mit dem Verweis auf eine ‚Studie', die der Redaktion ‚vorliegt', wird dort der Anstieg der Jugendgewalt beklagt. Dass es sich bei der ‚Studie' um einen von fünf Bundesländern erstellten Lagebericht für die diesjährige Innenministerkonferenz (IMK) handelt, der für jedermann zugänglich im Internet ‚vorliegt', hindert andere Zeitungen nicht, von der ‚Welt' abzuschreiben, ohne einen Blick auf die Primärquelle zu werfen. Dort liest man zwar, dass die PKS einen Anstieg der Fallzahlen für Jugendgewalt aufweist. Gleichzeitig verschweigt der IMK-Bericht aber nicht, dass die kriminologische Dunkelfeldforschung einen tatsächlichen Anstieg nicht bestätigen kann und dass auf dieser Grundlage eben keine gesicherten Erkenntnisse möglich sind."

Im Original des IMK-Berichtes liest sich das so: „Die Ergebnisse der kriminologischen Forschung zur Entwicklung der Jugendgewaltkriminalität führen allerdings zu einem anderen Ergebnis. Ausgehend von regionalen Dunkelfeldstudien unter bestimmten Altersgruppen, die in der Regel an Schulen befragt wurden, und ergänzenden Begleitstatistiken z. B. der gesetzlichen Unfallversicherung vertritt die kriminologische Forschung heute die Auffassung, dass die tatsächliche Gewaltkriminalität im Jugendbereich weder quantitativ noch qualitativ angestiegen sei. Vielmehr bewege sich die Zahl der tatsächlichen Delikte auf einem relativ konstanten Niveau."

Das Fazit des IMK-Berichtes lautet demzufolge entgegen der Darstellung in „Die Welt":

„Es sind derzeit keine gesicherten Aussagen zu den Fragen möglich, ob die Jugendgewaltkriminalität in den letzten Jahren einen deutlichen Anstieg zeigt oder nicht und wie sich dieser Phänomenbereich zukünftig entwickeln wird."

Zudem wird im Polizei-Newsletter darauf hingewiesen, dass die schlecht recherchierte Meldung der „Welt" in der Praxis nicht folgenlos zu bleiben scheint. Auf jener Fehlinformation aufbauend, reagieren Politiker und Kommentatoren mit einer erneuten Forderung zur Verschärfung des Strafrechts, während der IMK-Bericht auf Grundlage kriminologischer Forschung dagegen klar aussagt, dass Ursachen von Jugendgewalt in sozialen und schulischen Faktoren zu suchen und in diesem Bereich auch zu lösen sind. Demzufolge fordert die IMK-Arbeitsgruppe auch, zunächst das Bild der Lage innerhalb der Bundesländer zu vervollständigen.

Dieser Schritt ist deutlich angemessener, als aktionistisch Maßnahmen zu ergreifen, die sich möglicherweise sogar als kontraproduktiv erweisen. …Die Wirkungslosigkeit von zahlreichen der aktuell politisch propagierten Maßnahmen ist seit Jahren bewiesen. Einige führen sogar nach den Ergebnissen von Studien zu einem Anwachsen der Problematik. Politik und Kommentatoren sind daher gut beraten, zunächst einmal mit Fachleuten zu sprechen, statt durch fahrlässige Aussagen Gefahren zu schaffen (Institut für Kriminologie und Gewaltprävention 2008).

Das Thema Aggression bewegt viele – vor allem, wenn es sich um Taten von Kindern und Jugendlichen handelt. Am meisten diskutiert wird die Frage: Wie groß ist das Problem Aggression wirklich? Hat die Aggressivität von Kindern und Jugendlichen im Vergleich zu den Ergebnissen älterer Untersuchungen zugenommen?

Wäre dem so, dann müsste dieses Ergebnis – den Tenor einschlägiger Veröffentlichungen aufgreifend – als beunruhigender bewertet werden, als wenn die Zahlen auf bereits bekannter Höhe geblieben wären. Und es müsste – der öffentlichen Meinung folgend – früher, schneller und vor allem strenger gehandelt und Einhalt geboten werden. Aber muss das Thema Aggression wirklich nur dann richtig ernstgenommen werden, wenn eine massive Zunahme aggressiver Akte stattgefunden hätte? Leider scheint es nicht Anreiz genug, bereits nach Veränderungen und echten Lösungen zu suchen, wenn schon jetzt deutlich sichtbar wird, dass Täter und Opfer unter starken Aggressionen leiden und in ihren Entwicklungsverläufen mit massiven Beeinträchtigungen zu rechnen haben.

Doch nochmals zurück zur Frage: Hat die Aggressivität von Kindern und Jugendlichen in den letzten Jahren zugenommen? Die von den Medien präsentierten Fallbeispiele legen eine unheilvolle Entwicklung nahe. Jeder Gewaltzwischenfall ist besorgniserregend und zwingt zum Handeln – akut wie vor allem präventiv.

In diesem Zusammenhang ist ein Blick auf die Quellen, die den jeweiligen Aussagen zugrunde liegen, interessant. Ist die Quelle für diese Zahlenangaben z. B. die polizeiliche Kriminalstatistik, so beruht sie auf Tatverdächtigen, nicht auf Tätern. Würden zum Beispiel „nur" die Verurteilten herangezogen werden, sähen die Zahlen weniger dramatisch aus. Allein diese Besonderheit erklärt schon einen Teil der veröffentlichten „Fall-Zunahmen" der letzen Jahre, da früher fast ausschließlich Verurteilungen als Quelle herangezogen wurden.

Weitere beachtenswerte Zusammenhänge sollten bekannt sein, wenn mit diesen Zahlen wirklich argumentierten werden soll: Zu jedem aggressiven Akt gibt es eine Bewertung durch die Umwelt. Diese kann in ihren Konsequenzen für Täter und Opfer entscheidender sein als die

Aktion selbst und als deren direkte Konsequenzen. Es muss also, um eine realistische Einschätzung der Situation zu bekommen, auch gefragt werden, ob sich eventuell nicht die Aggressionen, quantitativ und qualitativ, verändert haben, sondern die Bewertung von aggressiven Akten durch die Gesellschaft. Die Berichte der Massenmedien tragen zu einer allgemeinen Sensibilisierung bei. Sie schüren Ängste vor unkontrollierter Gewalt und damit auch die Bereitschaft zur aggressiven Gegenwehr. So kann die Tatsache, dass heute ein Fehlverhalten schneller als früher bei der Polizei angezeigt wird, als eine Art aggressiver Gegenwehr der Bevölkerung verstanden werden. Eindeutig ist: Wir werden zunehmend sensibler, wenn es um heftige und wiederholte Aggressionen von Kindern und Jugendlichen geht, die sich gegen ihre eigene Altersgruppe oder sogar gegen Ältere richten. Verhaltensweisen, die noch vor wenigen Jahren als üblich hingenommen oder als Mutprobe und Hörnerabstoßen im Bereich von Ritualen abgebucht worden wären, werden nicht mehr akzeptiert. Wir sind empfindlicher geworden, da wir mehr über Risiko- und Signalverhalten wissen und deren Konsequenzen nicht mehr als gegeben hinnehmen wollen.

Hat die Aggressivität bei Kindern und Jugendlichen tatsächlich zugenommen?

Das Ausmaß des Anstiegs von Kinder- und Jugendgewalt ist unbekannt. Es ist noch nicht einmal sicher, ob es überhaupt eine kontinuierliche Zunahme gibt. Selbst wenn es einen Anstieg geben sollte, ist er nach den vorliegenden Indizien keineswegs so hoch und dramatisch, wie es die öffentliche Meinung suggeriert. Die gängigen Übertreibungen müssen wieder zurückgedreht werden, um eine vernünftige Basis für Reaktionen im Erziehungsbereich und für Prävention zu schaffen.

Vieles deutet auch darauf hin, dass Jugendliche nicht generell aggressiver, gewalttätiger oder delinquenter geworden sind, sondern dass sich hier eine Besonderheit herauskristallisiert: Es gibt einen Kern vielfach belasteter, jugendlicher Intensivtäter. Auf diese fünf bis sieben Prozent der Täter entfallen über 50 Prozent der Gesamtkriminalität. Alle sind Wiederholungstäter, die bereits als Kinder aufgefallen sind.

Das Ausmaß des Anstiegs von Kinder- und Jugendgewalt ist unbekannt. Es ist noch nicht einmal sicher, ob es überhaupt eine kontinuierliche Zunahme gibt.

Es gibt nach Aussage namhafter Aggressionsforscher keinen Anlass, Kindergarten und Schule als Keimzellen der Gewalt darzustellen, aber genau hier sind gewalttätige Kinder und Jugendliche aus Multiproblemgruppen zu finden, deren Gewalttätigkeit Auswirkungen auf die Schulgemeinschaft und gleichzeitig Modellcharakter für ihre Mitschüler hat. Es handelt sich um eine kleine rabiate Gruppe, die das Denken und Handeln der Lehrer so stark beherrscht, dass sie vielen Reformgedanken zur Schule direkt im Wege steht. Die Lösung kann hier nicht in erneuten Forderungen zur Verschärfung des Strafrechts liegen, denn das ist eine eindeutig nachgewiesene Fehlentscheidung, die statt zur Wiedereingliederung ins soziale Leben zu einem weiteren Absinken ins kriminelle Milieu führt.

1.4 Erziehung ist schwieriger geworden – auch im Kindergarten

Viele Laien aber auch Pädagogen gehen davon aus, dass Kinder heute einfach „anders" sind, womit selten ressourcenorientiert an individuelle Besonderheiten, sondern in der Regel an mehr Schwierigkeiten und anstrengende Erziehung gedacht wird.

Kinder sind zweifellos anders geworden, aber auch Kindheit ist anders geworden. Das in den meisten Fällen einzige Kind wird in vielen Familien zu etwas ganz Besonderem, was nicht nur Vorteile mit sich bringt. Generationenübergreifende Erfahrungen mit Kindern wie auch gemeinsames Aufwachsen von Kindern einer Familie fehlen. Alle Erwartungen, aber auch alle Ängste konzentrieren sich auf dieses eine Kind, was bei Eltern schnell zu Panik und beim Kind zu massivem Druck führen kann. Mehrere Lebenswelten parallel zu haben, gehört heute eher zur Normalität, wobei Krippe oder Kindergarten, Eltern- und Großelternhaus nur dann bereichernd erlebt werden, wenn alle nötigen Voraussetzungen stimmen. Immer mehr Kinder müssen familiale Übergänge in Folge von Elterntrennung bzw. Scheidung bewältigen; immer mehr Kinder erleben auch soziale Benachteiligungen aufgrund von Armut und elterlicher Arbeitslosigkeit. Zukunftsängste und berufliche Verunsicherung der Eltern wie auch familienfeindliche Formen der Berufstätigkeit führen dazu, dass immer mehr Kinder und Jugendliche im Elternhaus wenig Halt, Orientierung und Unterstützung erfahren (Sturzbecher & Wurm 2001).

Kinder werden heute in stärkerem Maße als früher als eigenständige Persönlichkeiten gesehen. Das selbstbewusste und durchsetzungsfähige Kind wird erziehungsmäßig anvisiert. „Dementsprechend hat sich auch der Erziehungsstil der meisten Eltern und Pädagogen verändert. Statt des Einforderns von Gehorsam wird heute eher verhandelt, elterliche Restriktion wird seltener. Klare Regeln und Grenzen sind häufig nicht mehr vorgegeben, was es nicht nur Kindern, sondern auch Eltern, Erzieher/innen und Lehrer/innen schwieriger macht, miteinander umzugehen" (Sturzbecher & Großmann 2002). Mit den gesellschaftlichen Werten haben sich die Erziehungsziele geändert, es gibt kein nicht zur Diskussion stehendes Erziehungsinstrumentarium mehr. Heutige Kinder sind „aufmüpfiger", sie pochen auf die Durchsetzung ihrer Interessen, verlangen Begründungen für Forderungen ihnen gegenüber und wollen an Entscheidungen, die ihr Leben betreffen, beteiligt sein. Das ist für ihren Lebensweg gut, selbst wenn es für Erwachsene vielleicht anstrengender ist.

> **Kinder sind zweifellos** anders geworden, aber auch Kindheit ist anders geworden.

Erziehungsberatung hat Hochkonjunktur, da Eltern leicht verunsichert und schnell überfordert sind, besonders diejenigen, die es unter heutigen Anforderungen selbst nicht schaffen, erwachsen zu werden, nicht bereit oder in der Lage sind, Verantwortung oder Erziehungsautorität zu übernehmen, also zu keiner Entscheidung und Strukturgebung fähig sind. Das ist in unserer „Alles-geht-Gesellschaft" besonders schlimm. Aufgrund der vielen Wahlmöglichkeiten, sowohl bei Alltagsdingen als auch bei den großen Lebensfragen, stecken wir in dem Dilemma, uns ständig für etwas und zugleich gegen vieles andere entscheiden zu müssen. Soll das einigermaßen gelingen, müssen dauernd Informationen eingeholt, Zusammenhänge erkannt und Folgen abgeschätzt werden. Immer mehr Elternkurse (z. B. Triple P, STEP, Starke Eltern – starke Kinder, Gordon-Familientraining) verfolgen zwar verschiedene Ansätze, aber auf das Wesentliche reduziert, haben sie alle das gleiche Ziel: Eltern darin zu stärken, bewusst Erziehungsverantwortung zu übernehmen und sich in kritischen Situationen im Umgang mit ihren Kindern sicherer zu fühlen, da sie dadurch den Kindern Struktur und Orientierung bieten. In diesen Situationen werden elterliche Kompetenzen abgefragt. Ein autoritativer (demokratischer) Erziehungsstil, bei dem Wertschätzung, Respekt und Akzeptanz dem Kind gegenüber auffällt und Sicherheit im Erziehungsverhalten zu spüren ist, zeigt hier die größten Erfolge. Ein konsistenter, emotional warmer und Struktur gebender Erziehungsstil gilt als Schutzfaktor der kindlichen Entwicklung (Haug-Schnabel 2004a). Eltern oder Erzieher müssen klar zum Ausdruck bringen, welches Verhalten sie erwarten und welches von ihnen nicht akzeptiert wird. Deshalb sind sie auch aufmerksam kindlichem Verhalten gegenüber und schreiten gegebenenfalls ein. Das Kind merkt, dass es „im Blick bleibt", in seiner Selbstständigkeit ernstgenommen und unterstützt wird; es spürt die emotionale Zugewandtheit der Erwachsenen und profitiert von dieser offenen, partnerschaftlichen Kommunikation, die Wärme signalisiert, aber auch fordert und zugleich Grenzen setzt.

... konkrete Antworten für die Praxis

⮞ Für aggressive Handlungen gibt es verschiedene Ursachen, sie geschehen aber nie aus Bösartigkeit.

⮞ Konflikte gehören zum Leben von Kindergartenkindern dazu und sind für sie ein wichtiges soziales Lernfeld.

⮞ Es spricht bislang nichts dafür, dass die Gewalttätigkeit von Jugendlichen generell angestiegen ist. Aber zu vielen Kindern steht nur Aggression als Notfallstrategie zur Verfügung.

⮞ Erziehung kann nicht mehr mit den gleichen Mitteln wie früher kindlichen Gehorsam einfordern. Darum ist Erziehung schwieriger geworden und lässt manche Eltern ganz aus der Erziehungsverantwortung aussteigen oder scheitern.

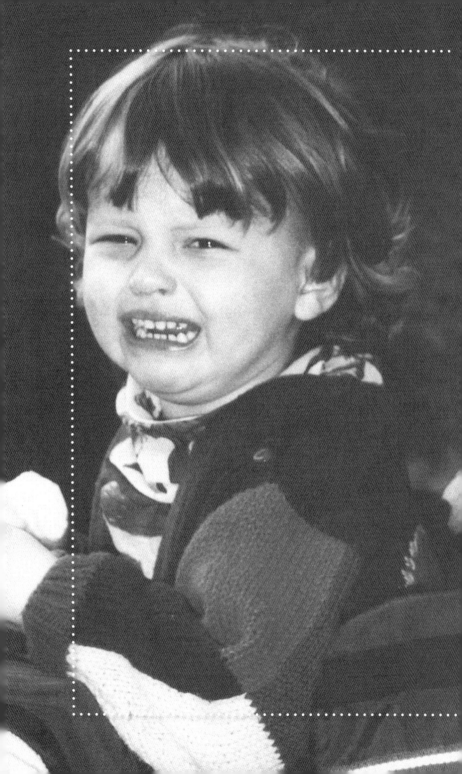

2 Grundlose Aggression gibt es nicht

Konkrete Fragen aus der Praxis ...

- Was weiß man über die Ursachen von Aggression?

- Ist unser Blick zu stark auf körperliche Aggression ausgerichtet?

- Gibt es Situationen, in denen es für ein Kind wichtig ist, aggressiv zu sein?

- Können Kinder auch Konflikte unter sich klären?

2.1 Aggression hat immer eine Ursache

Wie ein Blitz aus heiterem Himmel ereignen sich Aggressionen nicht. Auch wenn man den Hergang des Geschehens nicht mitverfolgt hat und erst, wenn es bereits brannte, auf den Konflikt aufmerksam geworden ist, kann man getrost davon ausgehen, dass nicht plötzlich er oder sie „grundlos" losgeschlagen oder losgeschimpft hat. Aggressionen haben immer eine Ursache.

Stellen Sie sich folgende Szene vor: Zwei Kinder sind in einen Kampf verwickelt. Eines hebt den Arm zum Schlag, das andere duckt sich leicht und versucht, den drohenden Schlag abzuwehren oder ihm auszuweichen. Die Gesichter der beiden Kontrahenten sehen Sie im Moment nicht. Wie könnte die Vorgeschichte ausgesehen haben? Was kann sich hinter dieser einfachen, jedoch keineswegs eindeutigen Szene verbergen?

Hier wird ein Kind angegriffen, weil es vielleicht vorübergehend im Besitz eines begehrten Spielzeugs war, dieses aber nicht abgeben wollte. Beim Versuch, es ihm abzunehmen, war ihm auch noch wehgetan worden, sodass es jetzt aus Wut und Schmerz zum Schlag ausholt (Aggression aus Gründen der *Verteidigung der eigenen Person und des Besitzes*, siehe Kap. 2.3, 3.3. und 3.4).

Ein Kind wird beim Spielen und Toben grob in die Ecke gedrängt, bekommt in dieser Situation, in der es immer mehr an die Wand gedrückt wird, Angst und schlägt nun in Panik auf das am nächsten stehende Kind ein (*Aggression in auswegloser Situation,* in Panik, siehe Kap. 5.1).

Ein Kind droht mit einem Schlag, um auf diesem Wege herauszufinden, ob es in der Lage ist, das andere Kind einzuschüchtern, zum Rückzug oder Nachgeben zu bewegen. In diesem Fall würde es seinen Verhaltensspielraum ausloten und versuchen, diesen zu vergrößern (*Aggressive soziale Exploration*, siehe Kap. 2.3).

Es ist ein *Rangstufenkampf,* bei dem zwei in der Gruppe etwa gleich hoch angesehene Kinder eine Meinungsverschiedenheit nutzen, um herauszufinden, wer von beiden der aktuelle Boss ist (siehe Kap. 2.3).

Eine weitere Ursache für diese Beispielsszene kann *Aggression aus Frustration* sein. Unter Frustration versteht man die Folge einer Versagung, das Befinden bei Nichterfüllen eines Wunsches oder Nichtbefriedigen eines Bedürfnisses, meist am typischen Wutmund zu erkennen (siehe Foto S. 22). Ein Kind ist den ganzen Morgen beim Schaukeln nicht zum Zug gekommen. Als ihm ein anderes Kind auf dem Weg zum Sandkasten im Weg steht, schubst es das Kind grob zur Seite (siehe Kap. 2.3).

Es kann sich auch um *nachgeahmte Aggression* handeln, da ein Kind erst vor kurzem ein erfolgreiches aggressives Auftreten bei einem anderen Kind gesehen hat und nun eben diese Strategie wählt, um aus einem Konflikt erfolgreich hervorzugehen. Wo überall sehen oder erleben Kinder Aggressionen, die sich lohnen (siehe Kap. 4.6)?

Der Ausschnitt könnte auch Teil einer *Gruppenaggression* sein, die im Kindergarten in zwei typischen Variationen zu sehen ist: Entweder hat ein Konflikt einige der Kinder in zwei sich feindlich gegenüberstehende Lager gespalten, deren jeweilige Anhänger sich, ihre Mitstreiter und ihre Interessen verteidigen. In der anderen Variante wird ein Gruppenmitglied von anderen Gruppenmitgliedern aggressiv ausgegrenzt, da – aus welchen Gründen auch immer – dieser „Außenseiter" als störend oder gar als gefährlich für die Spielpläne der Restgruppe empfunden wird (siehe Kap. 2.3, 5.4).

Darüber hinaus gibt es eine letzte, erst auf einen zweiten Blick zu klärende Möglichkeit: Dazu müssen die Gesichter der Kinder zu sehen sein oder man hört ihr Lachen. Lachen die beiden nämlich, dann wird nur gespielt, zwar recht kämpferisch, doch mit einigen ganz wesentlichen Unterschieden zum echten Kampf, zur ernsten Aggression. Intensive Spielbegeisterung, nicht Ärger oder Wut, ist die Ursache für diese *spielerische Aggression* (siehe Kap. 4.4).

Aggressionen können viele Ursachen haben. Optimal wäre es, wenn man sie immer kennen würde – sowohl der, der die Aggression verspürt, als auch derjenige, der sich die Konfliktbereinigung zur Aufgabe gemacht hat.

2.2 Aggression kann so verschieden aussehen

Durchschnittlich kommt es im Kindergarten drei bis vier Mal pro Stunde zu aggressiven Auseinandersetzungen, die zumeist überraschend kurz sind. Im Durchschnitt dauern sie weniger als eine halbe Minute! Die meisten Konflikte sind danach tatsächlich vorbei und vergessen. Diese aggressiven Auseinandersetzungen können ganz unterschiedlich aussehen, deshalb teilt man sie in vier Hauptgruppen ein:

▸▸ **Die physische Aggression,** die körperliche oder tätliche Auseinandersetzung: Hier geht es handgreiflich zur Sache, wobei das ganze Kampfrepertoire mit und ohne „Waffen" zum Einsatz kommen kann. Es wird körperlich angegriffen und mit aller Kraft verteidigt.

▸▸ **Die verbale Aggression,** die Auseinandersetzung mit Worten: Diese Form wird in ihrer Wirkung und sozialen Unverträglichkeit häufig unterschätzt, kann aber in ihrer Treffsicherheit und Verletzungskraft mit einem heftigen Schlag durchaus gleichziehen.

▸▸ **Die indirekte oder stille Aggression:** Hier klinkt sich jemand provokant aus der Kommunikation aus, signalisiert durch bewusstes Ignorieren und deutliches Desinteresse seine emotionale Ablehnung und verweigert jede soziale Interaktion – eine wirkungsvolle Aggressionsform mit vergleichsweise unscheinbarem Erscheinungsbild.

▸▸ **Die relationale Aggression:** Durch negative Aussagen direkt zum oder indirekt über das Opfer wird dieses seines Beziehungsnetzes beraubt. Das Verhältnis eines Kindes zu Gleichaltrigen wird angeknackst. Seine soziale Zugehörigkeit und Akzeptanz werden durch gezielte Kommentare infrage gestellt.

Die in der Aufzählung gewählte Reihenfolge der verschiedenen Aggressionsvarianten entspricht ihrer Bekanntheit, jedoch nicht ihrer Häufigkeit oder Gefährlichkeit:

Die **physische Aggression**, der Kampf in seiner gesamten Vielfalt, ist zwar die imposanteste Variante und erregt daher auch am meisten Aufsehen. Doch kommt sie im Kindergartenalltag erfreulicherweise recht selten vor – trotz der relativ häufigen Tätlichkeiten bei Kindern unter 3 Jahren (siehe Kap. 3.3). Die typische Vorgeschichte ist eine kurze, heftige Auseinandersetzung, oft um einen Spielgegenstand, ein Spielgerät oder auch um eine Spielidee. Er ist fast immer – zumindest zu Anfang – ein Zweikampf. Spontan denkt man beim Begriff tätlicher Angriff an zwei sich balgende Kinder, die sich mit Händen, Füßen oder Zähnen traktieren, doch kann ein tätlicher Angriff auch ohne direkten Körperkontakt ablaufen. Zum Beispiel handelt es sich dabei um ein kurzes, kommentarloses Wegreißen eines Spielzeugs oder Gegenstandes, der momentan begehrt ist – ein Vorfall, der ohne Reaktion bleiben kann oder aber zu vehementen Gegenaktionen herausfordert.

Eine körperliche Auseinandersetzung lockt schnell viele Zuschauer an: Erwachsene, weil sie einen Kampf von vornherein unterbinden oder die Streitentwicklung beobachten und notfalls Verletzungen verhindern wollen. Aber auch Kinder kommen herbei, um zuzuschauen, manchmal, um für die eine oder andere Seite Partei zu ergreifen. Ganz selten bleiben körperliche Angriffe innerhalb der Kindergartengruppe unbemerkt. Und das, obwohl viele Tätlichkeiten stumm verlaufen, zumindest anfangs. Oft machen zuschauende Kinder Spielkameraden oder die Erzieherinnen darauf aufmerksam, weil Streit nun mal etwas Spannendes ist, vielleicht aber auch, weil Aggression immer Angst macht, vor allem wenn Eskalation oder das Verwickeltwerden bislang unbeteiligter Kinder droht.

Zahlenmäßig an der Spitze, mit weit über der Hälfte aller Aggressionsereignisse, liegt die **verbale Aggression.** Sie umfasst ein weites Spektrum verbaler Ausdrucksmöglichkeit. Dazu gehören typische aggressive

> **Verbale Aggression ist die** häufigste Form von Aggression.

Ausrufe, die Gegner oder potenzielle Gegner bereits vorab in ihrem Handeln beeinflussen, in ihre Grenzen weisen und stoppen sollen – sehr oft mit Erfolg, wenn mit überzeugender Betonung und ohne Zögern Einhalt geboten wird. Eine eindeutige Drohmimik verstärkt die

Wirkung der Worte. Doch nicht immer fällt verbale Aggression so kurz und knapp aus. Wenn jemand wütend schimpft, kann dies minutenlang dauern. Schimpfen, beschuldigen, beleidigen, sich beschweren, verbieten, kommandieren, sich selbst bedauern, jammern und natürlich weinen (siehe Kap. 6.6) – all das findet sich im Wortschwall. Mit Worten kann man provozieren, jemanden bis zum Ausrasten reizen; mit Worten kann man sich aber auch wehren und durchsetzen. Und Worte können verletzen, zurückstoßen, ausgrenzen.

Verbale Aggression kann viel unauffälliger ablaufen als eine handgreifliche Auseinandersetzung. Sie ereignet sich oft ganz nebenbei, außer den direkt Betroffenen bekommt häufig kaum jemand etwas davon mit. Genau diese Besonderheit macht sie dezent, auf der anderen Seite aber auch so wirkungsvoll. Die soziale Kontrolle kann so umgangen werden oder setzt erst viel später ein. Verbal aggressive Kinder werden seltener ermahnt, obwohl auch ihre Aggression verletzt.

Aggression kann auch ganz still ablaufen und dennoch wirkungsvoll sein. Ohne auf direkten Konfrontationskurs zu gehen, kann man einfach nicht antworten, nicht sprechen, nicht mitmachen, etwas boykottieren, wichtige Informationen nicht weitergeben oder sich zum Nachteil des Anderen verhalten. All das gehört zur indirekten oder **stillen Aggression.** Erst auf den zweiten Blick wird hier das aggressive Moment erkannt, obwohl der weitere Ereignisverlauf identische Reaktionen wie bei typischeren Aggressionsformen hervorbringen kann.

Indirekte Aggression kann geschickt getarnt ablaufen, ohne dass es zu einer Kontaktaufnahme kommen muss. Jemandem einen üblen Streich spielen kann hier dazugehören. Kinder wenden diese Aggressionsform vor allem dann an, wenn sie sich in Kontexten befinden, in denen ihnen direktere Formen der Aggression nicht erlaubt werden, körperliche oder verbale Auseinandersetzungen sofort unterbunden würden. Diese Aggressionsvariante wird auch angewandt, wenn sich Kinder ihrem auserwählten „Opfer" gegenüber unterlegen fühlen und überzeugt sind, dass sie einer Auseinandersetzung mit Fäusten oder Worten nicht gewachsen wären.

Die **relationale Aggression** ist forschungsmäßig recht jung. Doch nicht die Aggressionsform selbst: Sie wird sicher schon sehr lange in der Menschheitsgeschichte eingesetzt, um Kontrahenten auszuschalten, selbst in einem besseren Licht dazustehen oder jemandem seinen Willen aufzuzwingen. Neu ist, dass diese Aggressionsform von der indirekten, stillen Aggression und der verbalen Aggression abgetrennt wurde, einen eigenen Namen erhielt und aufgrund ihrer Besonderheit im Zentrum moderner Aggressionsforschung steht. Dazu ein Beispiel:

Carolin sagt beim Start eines neuen Spiels zu drei weiteren Kindern im Beisein von Pauline:
„Die Pauline darf aber nicht mitspielen, die ist noch zu klein, findet ihr nicht auch?"
„Pauline, geh' doch mal zur Seite, wir wollen jetzt anfangen!"
„Pauline, du kannst das nicht richtig, das weißt du doch genau!"
„Mein Gott, die Pauline nervt heute wieder!"
Spätestens jetzt weint Pauline, gerade so, als ob sie mit Wucht aus dem Kreis gestoßen, hinausgetreten oder an den Haaren gezogen worden wäre. Auf diese Art das Mitspielen zu verbieten, erfordert genauso eine pädagogische Intervention wie ein Schlag.

Die Analyse relationaler Aggression zeigt zweierlei:

▸▸ Jemand wird aggressiv ausgegrenzt – und es wird gleichzeitig überprüft, ob man auf andere Gruppenmitglieder Einfluss nehmen, sich durchsetzen kann, und mit wieviel Widerspruch seitens der anderen gegebenenfalls zu rechnen ist.

Relationale Aggression liegt zum Beispiel auch dann vor, wenn Aline Sarah droht, dass sie nicht mehr ihre Freundin sein wird, wenn sie nicht sofort das tut, was sie von ihr verlangt. Es werden also die sozialen Beziehungen genutzt, um einem Kind zu schaden. Wenn über ein anderes Kind Gerüchte verbreitet werden, wenn man Freunde auffordert, mit einem anderen Kind nicht mehr zu spielen, wenn man durch abfällige Gesten oder Signalmimiken den anderen ein Zeichen gibt, wie blöd Sabine sich wieder einmal angestellt, dann handelt es sich um relationale Aggression. Außerhalb des Konfliktes stehende Beziehungspartner werden dazu benutzt, dem Kontrahenten zu schaden. Diese Aggressionsform findet sich bereits im Kindergartenalter und wird schon von Kleinkindern schmerzlich erlebt, da in diesem Alter die Akzeptanz durch Gleichaltrige und die Entstehung und Festigung gegenseitiger Freundschaften immer wichtiger werden.

Relationale Aggression findet viel zu wenig Beachtung, weit weniger als ein tätlicher Angriff. Sie wird auch bislang viel weniger, wenn nicht sogar überhaupt nicht sanktioniert. Dass dieses Verhalten aber unsere pädagogische Aufmerksamkeit braucht, zeigen zwei neue Befunde: Nicht nur das regelmäßige Opfer einer relationalen Aggression leidet unter dieser Aggressionsform und zeigt negative Entwicklungskonsequenzen. Auch regelmäßige Täter und Täterinnen müssen die Erfahrung machen, dass die Gruppe sie auf die Dauer zurückweist. Dies geschieht vermutlich aus der Angst heraus, dass soziale Beziehungen, in die sie selbst eingebettet sind, zu stark leiden könnten. Hier muss man tatsächlich von Tätern und Täterinnen sprechen, da bei dieser äußerst problematischen Aggressionsform die Mädchen den Jungen zahlenmäßig nicht nachstehen, sondern sogar überwiegen. In einer Konfliktsituation immer wieder einmal mit relationaler Aggression zu reagieren ist für viele Mädchen normal – vom Kindergartenalter bis in die Pubertät. Es stehen hierzu noch weitere Untersuchungen aus, da diese Reaktionsweise ab einem gewissen Level typisch für ein von der Norm abweichendes Problemverhalten wird (Bowie 2007; siehe Kap. 7.1).

> **Relationale Aggression** findet viel zu wenig Beachtung, weit weniger als ein tätlicher Angriff.

2.3 Aggression abschaffen? Aggression kann wichtig sein!

„Aggression Raum geben, Gewalt vermeiden", heißt das Motto des Südtiroler Gewaltpräventionsprojektes, das für alle Lehrpersonen vom Kindergarten über die Grundschule, Mittelschule bis zur Oberschule vom Deutschen Schulamt in Bozen in Zusammenarbeit mit Präventionsexperten vor mehreren Jahren gestartet wurde. Dieses Motto gibt in knappen Worten einen wichtigen Aspekt des momentanen Forschungstandes zum Umgang mit kindlicher Aggression wieder. Das Präventionsziel besteht nicht darin, generell kindliche Aggressionen zu verhindern, sondern die Kinder früh im Umgang mit auftretenden Aggressionen kompetent zu machen, um Gewalt zu vermeiden. Gewalttätigen und destruktiven Lösungsversuchen sollen konsequent der Erfolg und die Anerkennung verwehrt bleiben, und gewaltfreie Strategien sollen so vertraut sein, dass sie auch im Ernstfall zur Verfügung stehen.

Die Angst davor, dass Gewalttätigkeiten unter Kindern und Jugendlichen zunehmen könnten, lässt aggressives Verhalten generell nicht mehr unbefangen beobachten, analysieren und differenziert beantworten. So ist den meisten Erzieherinnen und Lehrerinnen in vielen Situationen nicht gegenwärtig, dass es sich bei Aktionen wie etwas in Angriff zu nehmen, seine eigene Meinung und seine Interessen zu vertreten und sich auch gegen Widerstände durchzusetzen ebenfalls um aggressive Verhaltensmuster handelt, die aber wichtig sind, da sie Kinder und Jugendliche in ihrem Eigenbewusstsein stärken und zur Weiterentwicklung anregen.

Wie wäre es denn damit: Aggressionen einfach abschaffen?
Falls wir ohne Aggressionen auskommen könnten, wäre es natürlich günstig, diese wegzuerziehen oder, noch besser, gleich gar nicht erst aufkommen zu lassen. Diese Idee scheint naheliegend, denn der Begriff Aggression ist umgangssprachlich ausschließlich negativ belegt. Aggression, die menschenverachtende Züge annimmt, zu Gewalttätigkeit und Destruktivität führt, ist abzulehnen und professionell möglichst bereits in ihrer Entstehung zu verhindern. Genaueres Nachdenken zeigt aber, dass wir Aggression zum Leben brauchen, vor allem zum Zusammenleben – und zwar bereits als Kinder.

> **Aggressionsbereitschaft ist** immer vorhanden, denn auf Widerstände zu reagieren hat auch positive Effekte auf den Einzelnen und auf die Gruppe.

Aggressionsbereitschaft ist immer vorhanden, denn auf Widerstände und mögliche Verletzung aggressiv zu reagieren gehört zu unserer menschlichen Natur und hat durchaus auch positive Effekte auf den Einzelnen und auf die Gruppe, in der er lebt und aktiv ist. Das trifft selbstverständlich nicht auf jede Form der gezeigten Aggression zu. Gewalttätige Handlungen brauchen dringend wachsame Früherkennung, pädagogische Intervention und eindeutige Konsequenzen (Haug-Schnabel 2001).

Es darf nicht vergessen werden, dass gelegentliche Aggression durchaus als Zeichen von Aktivität und gegenseitigem Interesse gewertet werden muss. Ein Kind, das mit niemandem in Kontakt tritt und in keine gemeinsame Aktivität einsteigt, wird kaum die Gelegenheit zu einem Konflikt oder gar einer Auseinandersetzung haben – beides aber eine wichtige Erfahrung. Es muss zu Meinungsverschiedenheiten kommen, Widerstand und Streit geben dürfen, um zu erleben, wie nicht verletzende und tragfähige Lösungen aussehen können. Videoanalysen im Kindergarten zeigen deutlich, dass Kinder oft überraschende eigene Lösungen aus Konflikten finden, die durchaus wirkungsvoll sein und Schritte auf dem Weg zur Problemlösekompetenz darstellen können (Dittrich et al. 2001).

Ohne Aggression würde niemand mehr auf seine Bedürfnisse nachhaltig aufmerksam machen können und diese auch erfüllt bekommen – kein Säugling, kein Kleinkind, kein Jugendlicher oder Erwachsener. Jeder Säugling bringt bereits die kämpferische Bereitschaft, Widerstände zu beseitigen, sich beim Kontaktwunsch lautstark Gehör zu verschaffen und Zuwendung recht überzeugend einzuklagen, mit auf die Welt.

> **Ohne Aggression würde** niemand mehr auf seine Bedürfnisse aufmerksam machen können und diese auch erfüllt bekommen.

Niemand könnte sich in einer Gruppe wohl fühlen, da er seinen Platz dort nicht kennen würde, nie mit Sicherheit feststellen könnte, wie weit sein Verhaltensspielraum reicht und wo dieser endet: nämlich genau an der Toleranz- oder Schmerzgrenze eines seiner Mitgefährten im Kindergarten, in der Familie, in der Schule, im Büro. Anlässe für Konflikte gäbe es im sozialen Miteinander trotzdem noch, denn weiterhin würden verschiedene Meinungen und Ziele aufeinanderstoßen. Doch niemand mehr hätte die Durchsetzungskraft, sie zu beseitigen oder zu lösen. Ohne Aggression hätte niemand, schon gar nicht ein Kind, die Power zu widersprechen und Nein zu sagen. Beides sind aber wichtige Voraussetzungen, um gesunde Grenzen um seine Persönlichkeit aufzubauen, um sich vor Missbrauch und Misshandlung zu schützen und Ich-stark zu werden. Und wo blieben ohne Aggressivität der Leistungswille, die konstruktiven, Motivation steigernden Formen des Wettbewerbs? Auch die Kraft für einen Neuanfang, das Überwinden des „inneren Schweinehunds" wären in Gefahr. Oder wie stünde es um die Zivilcourage? Sie allein braucht ein ordentliches Maß an Aggressivität. Denn immer bedeutet sie, einen Schritt aus der Menge herauszutreten, Stopp zu sagen und sich für Schwache, gerade nicht Angesehene einzusetzen, sich gegen innere und äußere Widerstände durchzusetzen.

Auch Sozialkompetenz verlangt ein gewisses Maß an Aggression. Ein sozial kompetenter Mensch ist in der Lage, positive soziale Beziehungen mit Mitmenschen aufzubauen, diese aufrechtzuerhalten und zu pflegen und gleichzeitig im Rahmen dieser sozialen Interaktionen auch seine eigenen Bedürfnisse und Ziele zu befriedigen. Bei Sozialkompetenz geht es um eine persönliche Zielerreichung, bei der die Verbundenheit mit den Sozialpartnern erhalten bleiben soll.

> **Auch Sozialkompetenz** verlangt ein gewisses Maß an Aggression.

Kinder wissen sehr wohl, dass es bei der Aggression auf das richtige Maß ankommt. Sie bewundern mitunter zwar aggressiv auftretende Kameraden, würden aber nie in ihrer Gruppe ein übermäßig aggressives Kind zum Boss oder zur Chefin aufsteigen lassen. Viel zu willkürlich wäre dessen Führungsstil. Diese Kinder werden gestoppt, sie verlieren an Ansehen, indem ihnen Aufmerksamkeit entzogen wird. Selbst aufmerksame Gruppenmitglieder könnten die Reaktionen willkürlich aggressiver Alphas nicht voraussagen. Unkontrollierte Aggression, die in einer Konfliktsituation jedes Gruppenmitglied genauso unerwartet wie die „Feinde" treffen könnte, wird unbewusst zu vermeiden versucht.

Aber die Sache ist kompliziert: Zu wenig Aggressivität darf der oder die Erste der Gruppe auch nicht haben. Würde er oder sie jedem Konflikt ausweichen, wäre das Auftreten zu schwach. Dieses Verhalten würde sofort alle Gruppenmitglieder verunsichern und Rivalen anlocken. Sichtbare Schwäche ist wie ein Signal: Greift an, euere Gewinnchancen stehen gut! Ein derartiges Verhalten wäre auch zu wenig autoritär, um – wenn es darauf ankommt – zu zeigen, wo's lang geht, um alle hinter einer Idee zu vereinigen. Und es wäre aber auch zu wenig autoritär, um überzeugen, schlichten oder siegen zu können.

Aggression gehört zu unserem Leben dazu

Die **Aggression aus Frustration** sorgt die ganze Kindheit und Jugend dafür, dass Defizite bei der Befriedigung wichtiger Bedürfnisse sichtbar und dadurch auch behebbar werden. Sie ist oft die einzige Chance, die ein eingeengt erzogenes, überbehütetes Kind hat, um auf seine Einschränkungen hinzuweisen, um sich bewegen, spielen, Neues ausprobieren und auch mal etwas Riskantes wagen zu dürfen.

Bei der **aggressiven sozialen Exploration** geht es bereits im Kindergarten um aggressiv erworbenes Gruppenwissen: Wer nimmt den höchsten Platz ein? Kindergruppen sind bereit, sich für die Transparenz ihrer Rangordnung und deren Stabilisierung nach gelungenen Veränderungen aggressiv auseinanderzusetzen. Rangkämpfe bringen zwar kurzfristig ein destabilisierendes Moment in die Gruppe, aber nur, um nach Klärung der Verhältnisse zu längerfristiger Ruhe zurückzukehren, in der jeder seinen Platz gefunden hat. Sie erfüllen somit eine wichtige soziale Funktion.

Rangkämpfe gibt es auch in der Familie, wobei das Kind versucht, gegen alle Widerstände aggressiv anzugehen, um zu erfahren, wo sein Wille durchsetzbar ist, und wo sich unüberwindbare Grenzen befinden. Das Kind muss gegen soziale Regeln aktiv verstoßen und Reaktionen provozieren, um seinen alterstypischen Handlungsspielraum auszuloten, um soziale Orientierungshilfen zu erhalten: Wie weit kann ich mit Nörgeln und Jammern bei Mama gehen, um meinen Wunsch durchzudrücken? Was kann ich mir ungestraft bei Papa an Ungehorsam leisten? Versuche, diesen Konflikten auszuweichen, müssen weitere, verschärfte Provokationen hervorbringen, da der Interaktionspartner bislang seine Antwort schuldig blieb. Nur das Setzen konsequenter, aber auch einsichtiger Grenzen schafft die so wichtigen klärenden Verhältnisse. Denn wenn dienstags etwas erlaubt wird, was montags verboten war, wäre man ja blöd, es mittwochs nicht noch einmal zu versuchen. Diese aggressiven Vorstöße sind nicht etwa abzudressierende Ungezogenheiten, sondern ein wichtiger Teil des sozialen Lernens. Zwei ideologisch begründete extreme Erziehungskonzepte werden allein schon aus diesem Grund dem Kind nicht gerecht: die bestrafende Verweigerung einer Versöhnung durch die Eltern nach einer – wie wir sehen werden – für die kindliche Entwicklung wichtigen Trotzreaktion (siehe Kap. 6.4) und ebenso die antiautoritäre Erziehung, die dem Kind durch zielloses Gewährenlassen das Kennenlernen von wohltuenden Grenzen und damit auch von Sicherheitsgefühlen verweigert (Medicus 1994).

Aggression zur Verteidigung fördern wir, da wir ihren Sinn erkannt haben. Wir wollen, dass ein Kind seine Selbstständigkeit, seine Spielidee und seine Pläne verteidigt, indem es andere Menschen zu bestimmten Handlungen veranlasst oder sie an ihm zuwiderlaufenden Handlungen zu hindern versucht. Das akzeptieren wir: „Lass dir nicht alles gefallen, wehr dich, versuch doch, dich auch einmal durchzusetzen", raten wir – zumindest den Jungen. Bei Mädchen drücken wir uns in diesem Zusammenhang noch nicht so eindeutig aus (siehe Kap. 7.1 und 7.2).

Aggression gehört zu unserem stammesgeschichtlichen Erbe, zu unserem Leben dazu. Trotzdem oder gerade deshalb muss hier sorgfältig differenziert werden, denn wir leben nicht mehr unter den sozialen Bedingungen, unter denen unsere ursprünglichen Aggressionsbereitschaften entstanden sind und sich auch Jahrmillionen lang bewährt haben. Einige Aggressionsbereitschaften stehen unseren heute erreichten kulturellen und ethischen Vorstellungen menschlichen Zusammenlebens im Wege. Welche Teile unserer Aggression wir ausleben und deren Erfolge wir genießen dürfen, und welche wir schnellstens lernen müssen zu zügeln, weil sie dem Menschenbild unserer Lebensgemeinschaft widersprechen, das bringt uns unsere Sozialisation bei. Das bekommen wir zu hören. Mehr noch lernen wir es am Modell: durch das Verhalten unserer Eltern, Erzieher, Pädagogen, von Gleichaltrigen, aus Büchern und Filmen. So erfahren wir, wie mit Aggressionen – den eigenen wie auch fremden – bei uns umgegangen wird. Nach den Standardregeln des Lernens erfährt jedes Kind, wie man sich verhält, wenn die Wut ansteigt: Welche aggressiven Reaktionen werden wann erwartet, wann toleriert und – ganz wichtig – von wem gegen wen? Wer darf sich was wem gegenüber erlauben? Und genauso: Welche Reaktionen sind zu unterlassen?

Das gilt im Kleinen wie im ganz Großen. Nach identischem Muster erfahren wir auch, wer unsere Verbündeten und wer unsere Gegner sind, so z. B. gegen welche kulturell geprägten Feindschemata sich unsere Aggression richten soll. Wer uns fremd, gefährlich, gar minderwertig, also als Feind erscheint, sagen uns nicht die Gene, das sagt uns unsere Erziehung. Uns zu Gruppen zusammenzuschließen, uns bewusst gegen andere abzugrenzen, innerhalb der Gruppe solidarisch zu sein und, falls ein Gruppenmitglied angegriffen wird, nach außen aggressiv aufzutreten, dieses Reaktionspaket gehört zu unserer Biologie. Diese **Gruppenaggression**, die kompromisslose Solidarisierung mit Eigenen gegen Fremde, war in den Anfängen der Menschheitsgeschichte sicher angebracht, doch passt sie in dieser Form nicht mehr in unsere großteils anonyme, multikulturelle Massengesellschaft, mit ihren relativ neu erworbenen Vorstellungen von Toleranz und Humanität gegenüber Fremden. Die aggressive Solidarisierung gehört zu den negativen biologischen Aggressionsursachen und muss in ihrer Unbarmherzigkeit durchschaut und zu überwinden gelernt werden.

> **Schon Kleinkinder fühlen** sich zu mehreren stark, gegen einzelne Kinder oder eine andere Gruppe anzugehen und mit vereinten Kräften anzugreifen. Hierfür darf unsere Biologie nicht als Alibi gelten.

Schon Kleinkinder fühlen sich zu mehreren stark, gegen einzelne Kinder oder eine andere Gruppe anzugehen, sie zu beleidigen, auszuschließen und schließlich auch mit vereinten Kräften anzugreifen. Im Rausch der Gruppe ist Mitleid vergessen, Verantwortung verschwindet unerkannt irgendwo zwischen den Reihen. Hierfür darf unsere

Biologie nicht als Alibi gelten. Dagegen kann man etwas machen: Sofort die gefährliche Dynamik stoppen, die einzelnen auf ihr Tun und seine Folgen hinweisen. Den Mitläufern vor Augen führen, wohin sie sich – meist blind – führen lassen. Nicht früh genug kann man lernen, wie verheerend die Auswirkungen massensuggestiver Aggressionen sind (siehe Kap. 5.4).

2.4 Erfolgreich sein – ein gutes Gefühl

Der Ausgang eines Kampfes steht oft bereits fest, bevor die erste Hand erhoben wurde, der erste Schlag passiert ist. Aggressive Signale, die Schnelligkeit der Reaktion und vor allem die eigene Zuversicht in den Sieg können einen Kampf bereits im Vorfeld entscheiden. Gewonnen wird ein Kampf im Kopf.

Wer hat hier was zu sagen – und wer genießt Ansehen?

Kinder im Kindergarten befinden sich dauernd in einer Gruppe: Wir Löwen, wir Mädchen, wir Schulmäuse, wir in der Turnhalle, wir im Bistro… Hierfür gelten besondere Spielregeln des Zusammenlebens. Hinter die Gruppenkulissen versucht ein Kindergartenneuling bereits in den ersten Tagen zu schauen, denn es ist für seine soziale Eingliederung und später dann für das soziale „Überleben" wichtig zu wissen, wer hier was zu sagen hat und das Ansehen aller genießt. Bereits nach einer Woche kennt ein Kind die Hierarchieverhältnisse – dabei übrigens auch, wer das „böse" Kind im Kindergarten ist.

Rangstufenkämpfe sind auch im Kindergarten wichtig, da sie zumindest zeitweilig soziale Stabilität für alle Gruppenmitglieder, die „Starken" wie die „Schwachen" gewährleisten. Indem ein Kind ein anderes zum Rangstufenkampf provoziert, lernt es die „Stärke" jedes Gruppenpartners im Vergleich zu sich selbst kennen und somit seine eigene Stellung in der Gruppenhierarchie realistisch einzuschätzen. Dabei wird keineswegs immer nur

> **Rangstufenkämpfe sind** auch im Kindergarten wichtig, da sie zeitweilig soziale Stabilität für alle Gruppenmitglieder gewährleisten.

gekämpft, dieser Wettkampf läuft auf ganz verschiedenen Ebenen. Die „Stärke" muss nicht Muskelstärke sein. Auch Ideenreichtum, Initiative, Mitspielbereitschaft, Gerechtigkeitssinn und Durchsetzungsvermögen sind Eigenschaften, die bei angesehenen Kindern gefordert und geschätzt werden.

Wie sind „ranghohe", einflussreiche, angesehene Kinder? Was fällt bei ihnen besonders auf?

▸▸ Es sind nie die Aggressivsten der Gruppe. Sie stellen sich zwar gerne und lautstark zur Schau, greifen aber selten an, da ein kurzes Drohen mit Siegermiene in den meisten Fällen bereits eine anstehende Auseinandersetzung siegreich beendet.

▸▸ Ranghohe Kinder haben zumindest in einzelnen Spezialbereichen ein überlegenes Können, meist verfügen sie über ein für ihr Alter erstaunliches Einfühlungsvermögen und über eine vergleichsweise hohe Frustrationstoleranz.

▸▸ Ihre Autorität – und sie muss vorhanden sein – beruht auf Einfluss, vor allem auf Überzeugungskraft und Beliebtheit, die durch ein verlässliches Freundesnetz und häufige Kontaktaufnahme mit allen Kindern der Gruppe gefestigt werden.

▸▸ Ranghohe Kinder sind sozial attraktiv. Sie können sich durchsetzen, verfügen aber auch über ein reichhaltiges Spektrum an Band stiftenden Verhaltensweisen. Sie grüßen, berühren kurz im Vorbeigehen, lachen mit anderen mit, teilen, entschuldigen sich …

▸▸ Von ihnen geht am häufigsten die Initiative für Spiele und Körperkontakt aus.

▸▸ Sie schlichten bei Konflikten und sorgen für Gerechtigkeit in ihrer Gruppe.

Wie verhält sich die Gruppe den ranghohen Kindern gegenüber? Was ist im Umgang mit Ranghohen anders?

▸▸ Die ranghohen Kinder stehen im Zentrum der Aufmerksamkeit, sie werden häufig von mindestens drei Kindern gleichzeitig angeschaut, d. h. sie genießen Ansehen.

▸▸ Sie werden häufig nachgeahmt und bewundert, sicher auch, um ihre Anerkennung zu erhalten.

▸▸ Man bittet sie z. B. bei Konflikten um Hilfe oder um Rat bei anstehenden Problemen. Ihre Schlichtungsvorschläge und Kompromisse werden mindestens so oft angenommen wie die von Erwachsenen.

▸▸ Ihre Kontaktablehnungen werden sofort und diskussionslos akzeptiert.

▸▸ Sie werden häufig zu Wettbewerben herausgefordert, um festzustellen, ob ihre Position weiter unangefochten ist. Es fällt auf, dass diese Kinder überzufällig häufig einer direkten Konfrontation in Form einer körperlichen Auseinandersetzung aus dem Weg gehen.

Inwiefern ist ein Kompromiss ein Sieg?

Wie hat in Kinderaugen ein Kompromiss auszusehen? Bis vor einigen Jahren gab es über selbst gebastelte Kompromisslösungen zwischen Kindern eine gleich lautende Meinung: Kinder im Vorschulalter sind bei akuten, sie selbst betreffenden Konflikten noch nicht in der Lage, von allein eine Kompromisslösung zu finden. Sie können den so wichtigen Schritt aus dem Konflikt heraus noch nicht machen, der aber nötig wäre, um kurz über der Sache zu stehen und emotionslos nach einer beide Kontrahenten befriedigenden Lösung zu suchen. Inzwischen sind die Abläufe genauer durchschaut: Die Tatsache, dass Erwachsene den Kompromiss der Kinder nicht überzeugend finden, liegt nicht unbedingt immer an deren noch unzureichender Kompromissfähigkeit, sondern oft daran, dass kindliche Kompromisse einfach ganz anders aussehen als Kompromissvorstellungen von Erwachsenen.

Für Kinder ist ein Kompromiss selten eine Übereinkunft zur Lösung des anstehenden Problems – Erwachsene definieren Kompromisse aber genau so. Es ist vielmehr ein Handel, der weitere oder ganz andere Bereiche als den Konflikt betreffen kann. Hört man den Kindern genau zu, so ist das Ziel ihrer Diskussionen überraschenderweise nicht an erster Stelle die Lösung des anstehenden Konfliktes – der scheint inzwischen schon fast zweitrangig geworden zu sein –, sondern die Möglichkeit, auf seinen Kontrahenten Einfluss ausüben zu können. Man will miteinander ins Geschäft kommen, ohne einen Gesichtsverlust riskieren zu müssen. Erfolgreich ist, wer andere beeinflussen oder kontrollieren kann. Bei einem gelungenen Kompromiss nach Kinderart haben beide Parteien den Eindruck, dass sie genau dies erreicht haben: „Wenn du mir das gibst, dann mach ich das!" „Wenn du das akzeptierst, akzeptiere ich das!" Der ursprüngliche Konflikt ist wirklich sekundär geworden.

> **Kindliche Kompromisse** sehen ganz anders aus als Kompromissvorstellungen von Erwachsenen.

Vereinbarungen dieser Art sind weit verbreitet und erfolgreich. Erfolgreich heißt in diesem Zusammenhang, dass die meisten Kinder hierauf eingehen, es sich für sie also um eine durchaus akzeptable Strategie handelt. Erwachsene erkennen nicht immer den Kompromisscharakter dieses Handels, da ihnen als uneingeweihten Zuschauern nur auffällt, dass zum Beispiel Johanna das Streitobjekt widerstandslos hergibt, ja sogar noch zu Tims Spielecke trägt, und dabei selbst offensichtlich keinen Nutzen aus der Vereinbarung zieht. Dass sie einige Zeit später freien Zugang zur Autokiste bekommt, ja sogar bei der Auswahl beraten wird, sich schließlich für das Auto entscheiden kann, mit dem Oliver schon den ganzen Morgen spielt, wird nicht mehr als Teil dieses Handels erkannt.

Hier unterschätzen wir die Kinder. Wenn es wirklich nur um Meinungsverschiedenheiten und Absprachen geht, sind sie schon weit im Selbstlösen, doch sobald eine Verletzung hinzukommt – eine physische oder eine psychische – brauchen sie noch dringend die Hilfe der Erwachsenen als Schutz vor Ausrasten und Eskalation.

Die Strategie „Was krieg' ich dafür?" klappt unter Kindern überraschend gut. Dass es sich hierbei nur um eine altersspezifisch günstige Strategie handelt, die zwischen Kind und Erwachsenem kaum erfolgreich ist („Ich lass mich doch nicht von dir zwingen, so weit käme es noch!"), mussten die Kinderforscher ebenso erst lernen, wie dies jedes Kind anhand erster Misserfolge bei Kompromissen mit Erwachsenen tun muss.

Wer wird Sieger? Über das Gewinnen und Verlieren

In eine aggressive Auseinandersetzung begibt man sich vorsätzlich nur, um zu gewinnen: einen begehrten Gegenstand, das Recht ungestört weiter zu spielen, aber auch Einfluss und Anerkennung, Aufmerksamkeit, Zuwendung oder gar sein „verlorenes" Gesicht zurückzugewinnen. Manchmal auch nur um zu gewinnen, einfach des Gewinnens wegen.

Wann wird gewonnen, wann verloren? Kinder kämpfen immer mit der Vorstellung zu gewinnen. Verlieren wird theoretisch als Möglichkeit nicht eingeplant.

Das Ende einer Auseinandersetzung ist nicht immer voraussehbar, aber es gibt tatsächlich einige Hinweise im Kampfgeschehen, die mit hoher Wahrscheinlichkeit voraussagen lassen, wer den Konflikt gewinnt und wer ihn höchstwahrscheinlich verlieren wird. Der Stärkere wird gewinnen, sagen viele. Jedoch sind die körperliche Kraft und motorische Geschicklichkeit – wenn nicht gerade ein Dreijähriger mit einem Neunjährigen kämpft – allein nicht entscheidend. Ein eindeutig ungleiches Kräfteverhältnis hält ein besonders wütendes Kind keineswegs davon ab zu kämpfen. Und tatsächlich siegt nicht immer der Größere und Stärkere, sondern zumeist der, der in höchster Wut und voller Überzeugung, im Recht zu sein, einen Überraschungsangriff oder Vergeltungsschlag gestartet hat, unabhängig von seiner körperlichen Schlagkraft. Er macht durch seine Entschlossenheit und sein überzeugtes Auftreten Punkte. Beides ein Signal dafür, Verletzungen notfalls hinzunehmen. Bereits der „Eröffnungsschlag" kann alles entscheiden.

Wesentlich für Sieg oder Niederlage ist auch die Position der Kämpfenden in der Hierarchie der Gruppe. Wer angreift und wen man angreift – Auswirkungen der Rangordnung – kann eine Rolle spielen. Kommt es überhaupt einmal vor, dass ein ranghohes Kind von einem weniger angesehenen Kind angegriffen wird, so reicht zumeist ein drohender Blick des höher stehenden, um den Angreifer in seine Grenzen zu verweisen. Die Auseinandersetzung ist zu Ende, kaum dass sie begonnen hat. Ihr Ausgang ist eindeutig und unumstößlich.

Anders sieht es aus, wenn zwei in etwa gleichgestellte Kinder in eine Auseinandersetzung verwickelt sind. Dann wird gekämpft, denn es geht hier ja auch um mehr als den Teddy oder den obersten Platz auf dem Piratenschiff. Es dreht sich um einen Aufstieg in der Gruppe, um Anerkennung und Ansehen. In diesen Situationen entscheiden oft die anderen Gruppenmitglieder durch Parteinahme mit und beeinflussen das Ergebnis in Richtung Sieg oder Niederlage.

Das sicherste Anzeichen für bevorstehenden Sieg oder drohende Niederlage ist das sogenannte „Plus-Gesicht" oder – im anderen Fall – das „Minus-Gesicht", mit dem die Kontrahenten in den Kampf gehen. Das „Plus-Gesicht" signalisiert ein eindeutiges Drohen: Kopf, Kinn und die Augenbrauen sind angehoben, der Blick ist direkt auf den Kontrahenten gerichtet. Auch der Oberkörper ist gestreckt und der Hals ist aufrecht. Ein imponierender Ausdruck. Das ist das Siegergesicht, das überall auf der Welt von Groß und Klein identisch eingesetzt wird. Die Überzeugung, überlegen und im Recht zu sein, sowie die Entschlossenheit zu siegen, lässt diesen Gesichtsausdruck entstehen. Und wie sieht das Gegenteil, das „Minus-Gesicht" des bereits vom Misserfolg überzeugten Verlierers aus? Seine Haltung ist leicht geduckt, der Hals etwas nach vorne gebeugt oder der Kopf zwischen die Schultern gezogen. Beim „Minus-Gesicht" wird Blickkontakt mit dem Gegner vermieden, meist sind sogar die Augen niedergeschlagen. Es wird zwar gekämpft, doch mit diesem „Minus-Gesicht" wird mit großer Sicherheit verloren. Vielleicht lassen Unsicherheit und Angst diese Mimik entstehen, und Unsicherheit geht fast immer mit Verlieren einher.

... konkrete Antworten für die Praxis

- Aggression hat viele Ursachen und ist deshalb nicht einfach zu entschlüsseln.
- Neben der körperlichen Aggression gibt es versteckte Formen der Auseinandersetzung, die genauso verletzend und verachtenswert sind, weil der andere verbal attackiert, bei Dritten schlecht gemacht oder bewusst ignoriert wird.
- Aggressionsbereitschaft kann wichtig sein, um sich gegen andere behaupten und berechtigte Bedürfnisse trotz äußerer Widerstände durchsetzen zu können.
- Ranghohe Kinder sind nicht besonders aggressiv. Aber in den entscheidenden Momenten wird von ihnen erwartet, dass sie sich durchsetzen können.

3 Frühe Aggression

Konkrete Fragen aus der Praxis …

- Wo und wie startet die Aggression auffälliger Schulkinder?

- Wie stark beeinflusst die Familie den kindlichen Umgang mit Aggressionen?

- Geht es bei den Kleinsten immer nur um „Meins" und „Haben wollen", wenn sie sich streiten?

- Wie wichtig sind Besitzkonflikte und gibt es ein Mittel dagegen?

3.1 Sind schon Krippen- und Kindergartenkinder aggressiv?

Bereits Säuglinge zeigen bei hoch aktivierten Verlassenheitsängsten, bei Irritation, Störungen oder in Angst höchste Erregung. Sie brüllen und schlagen und treten mit Armen und Beinen um sich. Zwei bis acht Monate alte Säuglinge zeigen eindeutige Missfallens- und Ärgerreaktionen, wenn ihnen ein attraktiv erscheinender Gegenstand, der ihr Interesse erregt hat, unerwartet entzogen wird. Schon in diesem Alter hat jedes Kind seine typische Reaktionsform auf unangenehme Erlebnisse (siehe Kap. 3.3). Krippen- und Kindergartenkinder tragen im Vergleich zu anderen Altersgruppen viele Konflikte aus und setzen hierbei auch auffallend oft aggressive Mittel ein.

> **Krippen- und Kindergarten-** kinder tragen im Vergleich zu anderen Altersgruppen viele Konflikte aus und setzen hierbei auch auffallend oft aggressive Mittel ein.

Trotz dieser Konflikthäufigkeit und der spontan aggressiven Austragung von Auseinandersetzungen kann bei einer genaueren Analyse der Ursachen nicht von einer vorhandenen „Gewalttätigkeit" unter Kindergartenkindern gesprochen werden. Bis auf einige Ausnahmen, die dann allerdings bereits dem Aktionsbereich aggressiver Risikokinder zuzuordnen sind, ist diese alterstypische Aggressionshäufung ein Zeichen noch mangelhafter sozialer Kompetenzen, ein Ausdruck interaktiver Hilflosigkeit, die bei genügend Erfahrungsmöglichkeiten in einer angemessenen pädagogischen Struktur kontrollierbar bleibt und unter guten Sozialisationsbedingungen zumeist bis zum fünften Lebensjahr „von allein" zurückgeht. In der Mehrzahl handelt es sich um ungünstige Strategien beim Durchsetzen der eigenen Interessen, mangelnde Impulskontrolle und deutliche Verständnisprobleme bezüglich der Intentionen anderer, jedoch höchst selten um vorsätzliche Schädigung. Es ist der Entwicklungsabschnitt, in dem ein Kind mit vielen anderen Kindern erstmals in Kontakt kommt, zusammen spielt, interagiert und

> **Bis auf einige Ausnahmen** ist diese alterstypische Aggressionshäufung ein Zeichen noch mangelhafter sozialer Kompetenzen.

zu kooperieren, bald auch zu konkurrieren versucht. Die sozialen Anforderungen sind hoch.

Wir finden im Kindergarten zwar eine Vielzahl von Szenen aggressiver Konfliktbearbeitung, aber in der Regel kein gewalttätiges Verhalten. Die Aggressionen dieser Altersgruppe werden durch ein entwicklungsbedingtes Kompetenz-Handicap im sozialen Miteinander ausgelöst. Mit steigender Sozialkompetenz, verbesserter Informationsverarbeitung und zunehmender Gruppenfähigkeit werden Konflikte nicht automatisch seltener, aber sie werden auf anderen als aggressiven Wegen gelöst und dadurch nachhaltiger und weniger verletzend beendet. Die hohe Verantwortung dieser begleitenden Erziehungsaufgabe wird noch zu wenig gesehen.

3.2 Wer ist gefährdet – und wo fängt ein Problem an?

Die Untersuchung von Entstehungsgeschichten gewalttätigen Verhaltens geht inzwischen – nach dem Motto „wehret den Anfängen" – bis zum Lebensanfang zurück. Finden sich bereits in diesem Alter Risikokinder, bei denen sich spätere Aggressionsprobleme andeuten?

Eines ist klar: Einzelne Kinder, rabiat und unkontrollierbar, beherrschen mit ihren Aggressionen das Denken und Handeln der Erzieherinnen so stark, dass sie deren pädagogische Arbeit beeinflussen, neue Projekte nahezu unmöglich machen, da die Kraft aller für ihre Bändigung vonnöten ist. Kreativer Freiraum – eine wichtige Voraussetzung, um mit den Kindern ihre Lernwege zu gehen – ist nicht mehr vorhanden. Diese Aussage kennen Sie schon aus Kapitel 1.3: Es kann eine kleine rabiate Gruppe von Schülern geben, die das Denken und Handeln der Lehrer so stark beherrscht, dass sie vielen Reformgedanken zur Schule direkt im Wege steht.

Wer sich mit dem Thema Aggressivität näher beschäftigt, stellt bald die Frage nach der Stabilität dieses Verhaltens, nach der mit Recht befürchteten Regelmäßigkeit, in Konfliktsituationen immer wieder aggressiv oder gar gewalttätig zu reagieren. Häufige und starke Aggression scheint ein Reaktionsmuster zu sein, das bereits in ganz frühen Jahren gezeigt wird und erhalten bleibt, sogar mitwächst, wenn ein Kind älter und schließlich zum Jugendlichen und Erwachsenen wird. Dabei ist immer vorausgesetzt, dass niemand diese Verhaltensbesonderheiten wahrnimmt, sie als Sackgasse erkennt und regulierend eingreift, indem er sie stoppt und Alternativstrategien anbietet, um Hindernisse und Probleme einmal anders als mit Gewalt aus dem Weg zu räumen. Schlimmstenfalls wird die Aggression sogar noch unbemerkt durch das Antwortverhalten der Ansprechpartner verstärkt. So wird durch ein gegenseitiges Unter-Druck-Setzen – einmal das Kind die Eltern, dann wieder die Eltern das Kind – aufsässiges Verhalten regelrecht antrainiert.

Die Dispositionen zu gewalttätigem Verhalten werden früh im Elternhaus grundgelegt. Diese Annahme gilt heute als gesichert. Wir haben inzwischen eine ganze Reihe von Ergebnissen, die eine relativ große Stabilität aggressiven Verhaltens – zuerst als kleines Kind in der Familie, dann im Kindergarten und später in der Grundschule – aufzeigen. Gewaltbereite Jugendliche stellen insofern ein gesellschaftliches Dauerproblem dar, als bei ihnen früh erworbene Verhaltensdispositionen sehr stabil geworden

> **Die Dispositionen zu** gewalttätigem Verhalten werden früh im Elternhaus grundgelegt.

sind und weitreichende Folgen haben. Sie alle waren Kinder, die bereits im Kindergarten als sozial auffällig bezeichnet wurden, in der Regel einige Jahre später massive Schulprobleme aufwiesen und nun in ihrer zukünftigen Entwicklungslaufbahn vielfältig gefährdet sind. Aus Risikokindern werden, wenn das Eingreifen fehlt, Jugendliche mit den Kennzeichen einer Hochrisikogruppe.

Nimmt man einem zwei bis acht Monate alten Säugling ein Spielzeug, bei dem es etwas Interessantes zu sehen oder zu hören gibt, immer wieder weg, so fallen die Ärgerreaktionen beim einzelnen Kind jedes Mal höchst ähnlich aus. Jedoch ist die Form dieses Aufbegehrens von Kind zu Kind sehr unterschiedlich. Schon in diesem frühen Alter hat ein Kind seine typische Art mit Verunsicherung, Missfallen, Frustration, Ärger und Wut umzugehen und Hindernisse aus dem Weg zu räumen: Der verärgerte Michael sieht anders aus als der frustrierte Julian. Madleine wütet immer wie Madleine – eben auf ganz andere Art als Claudia ihrem Ärger Ausdruck verleiht. Die vorherrschende Stimmungslage, die Heftigkeit von Reaktionen und die Anpassungsfähigkeit, d. h. die Toleranz gegenüber veränderten oder neuen Situationen, sind wichtige Indikatoren, mit denen bereits deutliche Unterschiede im Verhaltensstil von Säuglingen im Alter von drei Monaten beschrieben werden können, und mit deren Hilfe drei Hauptgruppen des Temperaments – „pflegeleicht", „schwierig" und „langsam auftauend" (slow to warm up) – eingeteilt werden. Als klare, jedoch unspezifische Risikofaktoren für den weiteren Entwicklungsverlauf haben sich die Temperamenteigenschaften erwiesen, die als „schwierig" und „langsam auftauend" beschrieben werden. Beim schwierigen Temperament können bereits im Kleinkindalter erhebliche Komplikationen auftreten, während sich die Slow-to-warm up-Konstellation offensichtlich erst später, wenn vom Schulkind eine rasche Anpassung an eine neue Umgebung und die Teilnahme an Aufgabenstellungen erwartet wird, als problematisch herausstellt.

Weitere Nachfolgeuntersuchungen bestätigten das Konzept des schwierigen Temperaments als Risikofaktor für die Entstehung von Verhaltensstörungen, insbesondere von expansiven Verhaltensstörungen wie Hyperaktivität und Störungen des Sozialverhaltens.

Es zeigt sich aber auch, dass die Umwelt entscheidend dazu beitragen kann, welche Auswirkungen ein bestimmtes Temperament auf die gesamte psychische Entwicklung nimmt. Spezialisten der Temperamentsforschung konnten beweisen, dass nur die Kombination von Temperament und Umweltanforderungen mit späteren Verhaltensentwicklungen signifikant korreliert, während das Temperament, für sich genommen, keine Aussagen erlaubt. Das bedeutet:

▸ Viele Verhaltensstörungen gehen auf eine Unvereinbarkeit zweier sich treffender Temperamente zurück: z. B. von Kind und Mutter/Vater, Bezugsperson und Kind, Erzieherin und Kind, Lehrerin und Kind.

▸ Es gibt Temperamentsformen, die von der Mehrzahl der Bezugspersonen als „schwierig" und überfordernd erlebt und deshalb inadäquat beantwortet werden.

▶▶   Eine gute Passung bei Kindern mit schwierigem Temperament ist in der Regel nur mit größerem Aufwand zu erzielen als bei Kindern mit einfachem Temperament. Besonders feinfühlige, responsive Eltern und ebenso agierende außerfamiliäre Bezugspersonen, oft zusätzlich auch ein besonderer pädagogischer Zugang sind nötig. Treffen jedoch Schwierigkeiten kindlicher Verhaltensdisposition mit elterlicher Responsivität und Kooperationsbereitschaft zusammen, kann eine positive Kompetenzentwicklung des Kindes wie des Erziehungsgeschehens erfolgen.

Aggression: ein Thema, das in den Kindergarten mitgebracht wird

Nicht erst im Kindergarten muss ein Kind mit Aggressionen – den eigenen und denen der anderen – umgehen. Kinder aus Familien, in denen die Befriedigung der kindlichen Bedürfnisse nicht im Vordergrund der elterlichen Interessen steht und deren Äußerungen vehement unterdrückt werden, reagieren häufig und oft auch unerwartet stark aggressiv. Der Sozialisationsverlauf und kulturell bedingte Emotionsangebote – spürbar an der Qualität der mit unterschiedlichsten Menschen gemachten Erfahrungen – nehmen auf die Bereitschaft eines Kindes, aggressiv zu agieren und zu reagieren, Einfluss (Parens 1995).

> **Kinder aus Familien, in** denen die Befriedigung der kindlichen Bedürfnisse nicht im Vordergrund steht, reagieren oft unerwartet stark aggressiv.

Schon im Kindergarten können Risikokinder erkannt werden. Und bereits zu diesem Zeitpunkt, eigentlich schon früher, sollten Hilfsprogramme für Gegenerfahrungen gestartet werden (siehe Kap. 4.1). Trotz dieser beschriebenen individuellen Stabilität müssen wir pädagogisch nicht verzweifeln: Das ererbte Temperament eines Kindes, z. B. seine hitzköpfige Veranlagung, machen nur einen kleinen Teil der Zutaten zur Aggressivität aus. Denn wie schnell ein Kind wütend wird, und was es dann macht, hängt zwar mit seiner Temperamentsausstattung zusammen, doch sind die Reaktionen der Umwelt auf seine Gefühle und auf deren Ausleben wie auch tagtägliche Vorbilder mindestens ebenso einflussreich. Die Reaktionen anderer, vor allem

Erwachsener, werden von den Kindern regelrecht abgefragt, um die Spielregeln des Zusammenlebens durchschauen zu können.

Auch beobachten Kinder sehr genau, wie Erwachsene untereinander ihre Konflikte lösen, und nehmen Maß an demjenigen, der scheinbar erfolgreich aus der Auseinandersetzung hervorgeht. Das kann ein wichtiger Weg sein, um sozial verträgliche Möglichkeiten, sich auseinanderzusetzen, kennen zu lernen. Auf demselben Weg – nur jetzt von den Erwachsenen sicher meist ungewollt und fast immer nicht durchschaut – wird aber auch gelernt, dass sich Aggression und gewalttätiges Durchsetzen lohnen können. Wenn diese Erfahrung mehrmals gemacht wird, anderslautende Gegenerfahrungen aber ausbleiben, und nicht erlebt wird, dass auch nicht-aggressives Handeln zum Erfolg führen kann, ist bei Konflikten der aggressive Weg immer der nahe liegende.

Wissenschaftliche Arbeiten über Entstehungsbedingungen überbordender Aggression haben einige übereinstimmende Ergebnisse über die frühe Lebenssituation von Risikokindern zutage gebracht:

▸▸ Gefährdet, aggressiv und gewalttätig zu reagieren, sind Kinder, die in frühen Lebensjahren eine negative emotionale Grundeinstellung, also Ablehnung und Nachlässigkeiten ihrer Hauptbezugspersonen erleben mussten. Anders ausgedrückt: eine Kindheit, in der Wärme und Anteilnahme fehlte und kein Raum war, um statt hilflos machenden Ohnmachtsgefühlen Selbstwirksamkeitserfahrungen zu erleben. Eine unsicher vermeidende Bindung mit 18 Monaten zur Mutter hat kombiniert mit einer nicht kindgemäßen oder gar feindseligen elterlichen Pflege und stressreichen, chaotischen Lebensumständen den höchsten Voraussagewert für auffallende Aggressivität im Grundschulalter. In diesem Zusammenhang sind besonders die Jungen gefährdet, aggressive Risikopfade einzuschlagen (siehe Kap. 7.1).

Erlebt zu haben, dass die eigene Mutter unansprechbar, ja unerreichbar für die emotionalen Bedürfnisse des Kindes ist, scheint das innere Bild von seiner Umgebung so negativ zu beeinflussen, dass es in zweifelhaften sozialen Situationen seine Mitmenschen als feindselig wahrnimmt und entsprechend dieser bedrohlichen Wahrnehmung für alle anderen völlig unerwartet aggressiv reagiert. Hinzu kommen Wut und Frustration über die anhaltend unerfüllten emotionalen Bedürfnisse.

▸▸ Gefährdet sind aber auch Kinder, die ihrerseits früh gewalttätige Aktionen und Reaktionen zeigen, die dann von den Bezugspersonen ignoriert oder sogar gebilligt wurden. Manchmal ernten die Kleinen sogar ein herzhaftes Lachen darüber, dass „in einem so kleinen Mann schon soviel Kraft und Feuer steckt". Wenig später, wenn sich gewalttätiges Verhalten bereits eingeschliffen hat und keine niedlichen Elemente mehr aufweist, wird dieselbe Familie den Problemen mit diesem Kind nur noch mit Gewalt Herr. In der Not weiß man sich nicht mehr anders zu helfen, als dem Kind den Willen zu brechen. Diese Kinder wurden nie auf die Unattraktivität ihres Tuns aufmerksam gemacht, erfuhren nicht dessen Nicht-Akzeptanz, erlebten nicht dessen Nicht-Duldung. Niemand zeigte ihnen Grenzen auf und verwies sie im Akutfall in diese. Endlich wird dieses Verhalten als Form massiver erzieherischer Vernachlässigung erkannt, da das Kind nicht nur nicht gestoppt wurde, sondern ihm auch keine akzeptable Form der Konfliktbewältigung beigebracht und vorgelebt wurde. Viel zu lange erlebten diese Kinder ihre Aggressivität als ungebremst und erfolgreich beim Durchsetzen ihrer Ziele.

▸▸ Machtbetonte Erziehungsmethoden autoritärer und inkonsequenter Eltern wirken offensichtlich auf Kinder gemäß dem Motto „Gewalt erzeugt Gewalt". Unzählige internationale Forschungen kommen hier zu gleichlautenden Ergebnissen: Gewalt in der Familie steigert die Gewaltbereitschaft der Kinder in jedem Alter. So fördert eine einschränkend-disziplinierende Erziehung, ein aggressiver Erziehungsstil, der Demütigung und körperliche Misshandlung miteinbezieht, Gewalt beim Kind. Väter und Mütter, die hart und vor allem unvorhersehbar bestraften, erhöhen die Wahrscheinlichkeit, dass die heutigen Gewaltopfer zu zukünftigen

Gewalttätern werden. Es genügt schon, regelmäßig Zeuge familiärer Gewalt gewesen zu sein, um Gewalt als akzeptable Möglichkeit der Problemlösung hinzunehmen und aufzugreifen, also schneller selbst zuzuschlagen und auf Provokationen sofort „herzhaft" zu reagieren.

3.3 Frühe Konfliktmotive

Was ärgert oder erbost die Kleinsten? Wieso kommen Säuglinge und einjährige Kinder in Konflikt miteinander? Eine detaillierte Untersuchung von Schweizer Entwicklungsforschern (Simoni et al. 2008) mit Kindern im Alter von 8 bis 22 Monaten zeigt klar, dass nicht – wie bisher vermutet – in dieser Altersgruppe vorrangig Besitzstreitigkeiten zu Konflikten führen, sondern die Gründe entwicklungsmäßig gesehen weit anspruchsvoller sind als „Haben wollen". Hier werden einige zentrale Ergebnisse aus dieser Studie zusammengefasst.

> **Wieso kommen Säuglinge** und einjährige Kinder in Konflikt miteinander?

Bei *acht Monate alten Kindern* waren zwei Hauptgründe für Abwehr- und Ärgerreaktionen festzustellen:

▸▸ Bei einer Aktivität oder Handlung unterbrochen und gestört werden *(Konfliktmotiv: Unterbrochene Handlung)*

▸▸ Interesse für ein Objekt, das gerade von einem anderen Kind bespielt oder untersucht wird *(Konfliktmotiv: Neugier / Exploration)*.

Bei *14 Monate alten Kindern* waren die beiden Themen „unterbrochene Handlung" und „Neugier bzw. Explorationslust" auch bei der Mehrzahl aller Konflikte als Motive feststellbar. Doch kamen in diesem Alter zwei neue Konfliktthemen hinzu:

➤ Das Verhalten eines anderen Kindes weckt ein eigenes Bedürfnis *(Konfliktmotiv: Erweckte Bedürfnisse)*

➤ Der Wunsch etwas zu bewirken und Einfluss zu nehmen kommt auf *(Konfliktmotiv: Bewirken wollen).*

Bei *Kindern im Alter von 22 Monaten* bestehen alle bisher erwähnten Konfliktthemen (unterbrochene Handlung, Neugier / Exploration, Bewirken wollen und der Wille zum Bewirken) weiterhin. Zusätzlich konnten die Schweizer Forscher drei weitere Gründe für Konflikte identifizieren:

➤ Der Wunsch nach Besitz *(Konfliktmotiv: Besitz)*

➤ Aufstieg in der Hierarchie *(Konfliktmotiv: Hierarchie)*

➤ Kontaktsuche und Vermeidung von Langeweile und Einsamkeit *(Konfliktmotiv: Kontakt- und Erregungssuche).*

Konfliktmotiv: Unterbrochene Handlung

Die Kinder protestierten gegen eine Unterbrechung oder Störung ihrer Tätigkeit und wollten eindeutig ihr Handlungsobjekt wieder zurückbekommen bzw. bei sich behalten. Bisher wurde ein derartiges Verhalten als früher Besitzkonflikt interpretiert. Simoni und ihre Kollegen beobachteten aber, dass die Kinder ausnahmslos nur ihr Objekt wiedererlangen wollten, um ihre unterbrochene Aktivität fortzusetzen. Es wurde nie beobachtet, dass ein Kind das Objekt zwar behielt aber nicht damit spielte. Außerdem wurden während des Konfliktes auch keine Ärgerreaktionen gegenüber dem Spielpartner beobachtet. Besitzverständnis setzt zudem eine bewusste Ich-Andere-Unterscheidung (Selbstrepräsentation) voraus, mit der erst im Alter ab 18 Monaten zu rechnen ist. Hatte ein Kind sein Interesse an der unterbrochenen Aktivität verloren, war auch der Konflikt beendet. Weder für den Spielpartner noch für das Objekt interessierte sich das Kind anschließend weiter.

Ein interessantes Ergebnis, denn hier steht eindeutig die Eigenaktivität mit einem Handlungsobjekt im Vordergrund und nicht das Objekt selbst – ein deutliches Zeichen für die aktive Rolle des Kindes bei seiner Entwicklung.

Konfliktmotiv: Neugier / Exploration

Die Kinder zeigen Interesse an einem Objekt, mit dem sich ein anderes Kind beschäftigt, und versuchen, es ihm wegzunehmen. Trotz des Widerstandes setzt das Kind seine Bemühungen fort, bis es das Objekt erlangt hat oder der Konflikt auf andere Weise beendet wurde. Auch solche Konflikte wurden bislang meist als Besitz- oder Eifersuchtskonflikte interpretiert, vor allem wenn identische Objekte in Reichweite des Kindes lagen. Simoni und Kollegen (2008) bieten zu dieser Auffassung eine überzeugende altersgerechte Alternative, die auch die noch nicht vorhandene bewusste Ich-Andere-Unterscheidung berücksichtigt: „Ein Objekt, mit dem gerade gespielt wird, wirkt auf das Zielkind vielleicht besonders attraktiv und weckt seine Neugier, weil es eben manipuliert und bewegt wird." Sowohl Besitzbedürfnis als auch Eifersucht würden höhere kognitive und sozialemotionale Fähigkeiten voraussetzen, während Exploration nachweislich eine Basismotivation bedeutet, die von Geburt an vorhanden ist.

Konfliktmotiv: Erweckte Bedürfnisse

Simoni und Kollegen fanden folgende typische Situation: Das Zielkind beobachtet ein anderes Kind beim Trinken oder Essen, es unterbricht seine aktuelle Beschäftigung, starrt es an, konzentriert sich auf das Objekt, z. B. die Trinkflasche, und versucht, diese dem anderen wegzunehmen. Gegen Besitz- oder Eifersuchtskonflikte spricht – neben dem noch nicht entwickelten Selbstkonzept –, dass das Kind, sobald es sein Bedürfnis gestillt hatte oder ein anderes, äquivalentes Objekt erhielt, das Streitobjekt losließ. Streitobjekt und Konfliktpartner waren, sobald ein adäquates Objekt zur Verfügung stand, uninteressant. Es wird vermutet, dass der Anblick des trinkenden Kindes das Zielkind an seinen eigenen Durst erinnert hatte, sodass es einfach das Nächstliegende unternahm, um sein Bedürfnis möglichst schnell zu befriedigen.

Konfliktmotiv: Bewirken wollen

Eine neue aggressive Motivation scheint hinzuzukommen. Erste Ansätze zur Ich-Andere-Unterscheidung und zum Erkennen des „Verursacher-Ichs" sind die Voraussetzung (Simoni et al. 2008). Während der Untersuchung beobachteten die Forscher, dass ein Zielkind nach Objekten griff und sie wieder losließ, sie zurückgab oder wegwarf und seine Konfliktpartner auf verschiedene Art störte. Es hielt Blickkontakt mit dem Partner, hatte aber weder allein am Konfliktpartner noch an dem Objekt Interesse. Eine vorsichtige Interpretation in Richtung versuchte Einflussnahme auf das Geschehen wird möglich.

Konfliktmotiv: Besitz

Ist ein Kind sich seines Selbst bewusst geworden und hat die Ich-Andere-Unterscheidung erreicht, möchte es frei über ein Objekt verfügen können. Die Schweizer Wissenschaftler beobachteten, dass die Kinder jetzt das besitzanzeigende Pronomen „mein" verwenden und „Besitzgestik" wie Umarmen oder Festhalten des Objektes präsentieren. Neu ist in diesem Entwicklungsabschnitt zu beobachten, dass ein Kind schon durch das Be- oder Erhalten des Objektes zufrieden war, ohne dass es damit spielen oder hantieren wollte. Es geht hier um „Haben".

Konfliktmotiv: Hierarchie

Das motivationale Thema Hierarchie vermutet Simoni, wenn ein Kind um die alleinige Entscheidung über den Gebrauch eines Gegenstandes kämpft und sich zufriedengibt, wenn ihm die von ihm gewünschte Zuteilung gelingt. Hier beginnt aggressive soziale Exploration, denn das eigentliche Ziel solcher Konflikte ist es, sich einen besseren Platz in der Rangordnung zu sichern, der dadurch gekennzeichnet ist, möglichst viel zu sagen zu haben (siehe Kap. 2.3).

Konfliktmotiv: Kontakt- und Erregungssuche

Die Schweizer Untersuchung zeigt weiter, dass die häufig beobachteten, oft noch unkoordinierten, aggressiven Strategien, um Kontakte mit anderen Kindern herzustellen und Auswege aus Langeweile und Einsamkeit zu finden, schon vor dem zweiten Geburtstag angewandt werden. Jetzt wird eine individuelle Entwicklungsbegleitung nötig, um sozial attraktive Kontaktaufnahmen zu fördern, da Erfahrungsmangel in zunehmender sozialer Not immer häufiger zu ungünstigen sozialen Explorationsstrategien und Kontaktaufnahmeversuchen greifen lässt. In diesen Kontext gehören auch Beißanfälle oder massives Haareziehen – höchst ungeeignete Kontaktaufnahmeversuche, die in großer Hilflosigkeit oder Wut erstmals eingesetzt werden und nach dem Motto „besser so als gar nicht" erhalten bleiben, um Aufmerksamkeit zu bekommen oder jemanden endlich beim Spielen zu stoppen und dazu zu bringen, sich einem zuzuwenden (siehe Kap. 5.3). Da auf diesem Weg wenigstens mit einer „Kontaktaufnahme" oder „Zuwendung" zu rechnen ist, wird diese höchst ungeeignete Strategie als erfolgreich eingestuft und gelernt. Hier ist ein möglichst schnelles Umlernen nötig (siehe Kap. 6.4).

Ein zweieinhalbjähriges türkisches Mädchen fiel dadurch auf, dass sie mit einem anderen Jungen immer nur hauend oder andersartig aggressiv Kontakt aufnahm. Nachdem die Erzieherin zum ersten Mal Massage (Shiatsu) mit ihr gemacht hatte, ging das Kind anschließend direkt auf den Jungen zu, der sich schnell in Abwehrhaltung begab, und streichelte ihn diesmal, ähnlich wie sie es soeben selbst erfahren hatte.

Das Kind hatte durch die Massage offensichtlich eine neue Kontaktaufnahmestrategie gelernt, die ihr zuvor noch nicht zur Verfügung stand.

3.4 Aggression in der Erprobungsphase

Kinder jeden Alters verwenden Aggression zur Erprobung der Erweiterung ihrer Möglichkeiten, z. B. ihres Handlungsspielraums. Jedes Kind erprobt unbewusst hierbei gleichzeitig den Erfolg, die Schlagkraft aggressiven Verhaltens (siehe Kap. 4.2).

Einige Verhaltensweisen sehen zwar nach Aggression aus, sind es aber oft nicht. Für keineswegs beabsichtigtes Kaputtmachen kann reines „Erkunden wollen" der Grund sein. Derart „Umgebautes" gilt oft auch nur in Erwachsenenaugen als nicht wiedererkennbar und zerstört. Der Wunsch etwas verändern zu wollen, etwas auf seine Materialeigenschaften zu prüfen und deshalb natürlich in die Sache hineinschauen und sie genau untersuchen zu müssen, ist keine Aggressivität sondern Forschergeist, der Freiraum und Grenzen noch nicht unterscheiden kann. Hierzu gehört auch das eindeutige Aktivitätsspuren hinterlassende Bearbeiten eines Gegenstandes mit einem Werkzeug. Manches geht auch nur kaputt, weil es dem forschenden Kind an Geschicklichkeit fehlt oder seiner Bewegungsfreude nicht standhält.

Zwischen dem achten Monat und dem zweiten Geburtstag dominieren Themen, die mit dem Bedürfnis nach Exploration, nach Welterkundung verbunden sind. Schon Kinder unter einem Jahr aber auch Ein- und Zweijährige erleben es als Frustration, bei ihren Aktivitäten unterbrochen zu werden und versuchen durch aggressive Verteidigung Störungen ihrer Handlungen abzuwenden. Sie sind eigenaktiv auf der Suche nach Erfahrungsbeute, deshalb natürlich auch fasziniert und „angezogen" von Aktivitäten in ihrer Umgebung. Der Wunsch auch selbst Neues zu erleben, lässt sie einem anderen ebenfalls aktiven Kind „zu nahe" kommen und „übergriffig" werden. Die Kinder müssen sich bislang Unbekanntes zu eigen machen, und deshalb muss ihr Explorationsdrang auch gegen äußere Widerstände aufrechterhalten werden.

Das spannendste Ergebnis der Schweizer Studie für den Krippenalltag ist die Tatsache, dass das kindliche Bedürfnis nach Exploration als Motiv für Konflikte zu wenig wahrgenommen und deshalb auch bei Interventionsbemühungen bislang nicht bedacht wurde. „Aussagen wie ‚Lass es, sie hat es zuerst gehabt' sollten womöglich Platz machen für Aussagen wie ‚Lass sie bitte diese Runde fertig machen, dann bist du dran'" (Simoni et al. 2008, S. 31).

Von einem sicher gebundenen Kind in diesem Alter in einer verlockend-neuen Umgebung zu verlangen „Liebling, fass bitte nichts an!", käme der Aufforderung gleich: „Liebling, atme hier bitte nicht!". So existentiell ist der Wunsch nach möglichst vielseitiger Exploration zum breitmöglichsten Erfahrungserwerb.

Den Zusammenhang zwischen Bedürfnis und Bedürfnisbefriedigung erkannt zu haben, lässt gegen einen Aufschub der Befriedigung aggressiv vorgehen. Dies gilt uneingeschränkt, bis in einem nächsten Entwicklungsschritt verstanden wird, dass man trotz eines kurzen Aufschubs der Bedürfnisbefriedigung nicht zu kurz kommt – ein Fortschritt, der Frustrationstoleranz genannt wird.

Beginnende Kontrollüberzeugung kann nur durch weitere Erfolgserlebnisse bestätigt werden. Sie äußert sich deshalb in der Erprobungsphase als unzählige Explorationsversuche zur möglichst vielseitigen Einflussnahme auf das Verhalten anderer.

Vor allem der Umgang mit Gefühlen – den eigenen und denen der anderen – macht den Zwei- und Dreijährigen noch zu schaffen. Meist ist es das gemeinsame Interesse an einem Gegenstand, das bei Zweijährigen einen Kontakt initiiert, dadurch aber auch einen Konflikt recht wahrscheinlich macht. Verhaltensbeobachtungen zeigen, dass es unter Zweijährigen recht häufig zu kurzfristig dramatisch wirkenden aber schnell wieder abschwellenden Auseinandersetzungen kommt, die das gemeinsame Weiterspiel wenig beeinträchtigen. Über 80 Prozent der kindlichen Konflikte sind in diesem Alter Besitz- und Interessenskonflikte, bei den Drei- bis Fünfjährigen machen sie noch den Grund bei über 60 Prozent aller Auseinandersetzungen aus.

Besitzkonflikte sind etwas ganz besonderes

Über Besitzkonflikte wissen wir inzwischen viel, aber immer noch zu wenig. Eine genaue Verlaufsanalyse typischer Kämpfe um Gegenstände zeigt, dass es im Endeffekt recht selten um den Besitz des Gegenstandes geht, eher um die Möglichkeit, längerfristig ungestört mit ihm zu spielen, und vor allem um die Fragen: „Kann ich den Gegenstand erfolgreich verteidigen und behalten?" „Kann ich darauf Einfluss nehmen, wer ihn bekommt und wer ihn nicht bekommt?" Oder: „Kann ich ihn einem anderen Kind streitig machen?" Oder: „Was bekomme ich dafür?"

Geben, Wegnehmen, Ausleihen, Tauschen, Teilen und Schenken sind komplexe Aushandlungen, die erst mit Erfahrung gefüllt werden müssen, um begriffen zu werden. Wieder braucht es Übung aber auch konsequente Hüter der Fairness, denn 80 Prozent der Interessenskonflikte werden durch eine aggressive Handlung beendet, und in wieder fast 80 Prozent dieser Fälle ist der Aggressor erfolgreich, da das angegriffene Kind meist nachgibt (Schmidt-Denter 1980).

Besitzkonflikte scheinen ganz besonderen Gewinnregeln zu unterliegen. Parallel mit der Ich-Entwicklung nimmt auch die Besitzverteidigung zu. Viele Konflikte, in die Zweijährige verwickelt sind, sind Besitzstreitigkeiten. Bei den Drei- bis Fünfjährigen machen sie auch noch über die Hälfte der Auseinandersetzungen aus. Es gelingt keiner Erziehung oder ideologischen Beeinflussung, Kinder ohne Besitzstreben groß werden zu lassen. Das liegt vermutlich daran, dass Geben und Nehmen biologisch zu unseren Mechanismen gehören, mit denen wir den Kontakt mit anderen regulieren. Bereits sehr früh sind die dazugehörigen Regeln bekannt.

Ab dem Alter von rund zehn bis zwölf Monaten setzen Kinder Objekte bei der freundlichen Kontaktaufnahme ein. Bis sie zu Vorschulkindern geworden sind, verwenden sie das Geben, Zeigen, Vorführen, Teilen und Zuwerfen von Objekten geschickt und erfolgreich im Rahmen ihrer sozialen Strategien mit Altersgenossen und Erwachsenen. Indem ein Besitzgegenstand angeboten wird, können Konflikte beseitigt werden; aber viele Konflikte entzünden sich auch über den Besitz eines begehrten Gegenstandes. Kleinkinder in Gruppen benutzen faszinierenderweise bereits die Regel der Priorität: Wer sich zuerst mit einem bestimmten Gegenstand beschäftigt, erwirbt damit automatisch einen vorübergehenden Anspruch mit ihm zu spielen. Nimmt ein „Dieb" diesen „Besitz" weg, so weiß er genau, dass er gegen Regeln verstößt. Er ist deutlich unsicher, wirkt gestresst. Lange hält seine Freude nicht vor, er verliert den „geklauten" Gegenstand in den meisten Fällen schnell wieder oder legt ihn – ohne mit ihm gespielt zu haben – irgendwo ab. Auch mit dem Teilen werden Kinder meist im Laufe des dritten Lebensjahres immer vertrauter. Aber ein Kind gibt nur dann bereitwillig etwas ab, wenn der Antrag auf Teilen als Bitte und nicht als Forderung gestellt wird. Wenn der andere seine Anfrage so vorträgt, dass in seinem Verhalten eindeutig zum Ausdruck kommt, dass er weiß, wem eigentlich alles zusteht – er also den Besitzanspruch des anderen akzeptiert – sind seine Chancen, etwas zu erhalten, groß. Einfach wegnehmen lässt sich ein Kleinstkind meist nichts, es protestiert und zwar recht oft mit Erfolg. Gerade hier liegt aber auch das Problem extrem schüchterner Kinder, die sich alles wegnehmen lassen und dadurch ständig in ihrem Spiel gestört werden, und so z. B. die leidvolle Erfahrung machen, dass es in der Krippe oder im Kindergarten keinen geschützten Aktivitätsraum gibt. Neben dem Erfahrungsverlust sind diese Kinder auch deutlich mehr gestresst als „souveränere" Spielkameraden.

... konkrete Antworten für die Praxis

- Krippen- und Kindergartenkinder zeigen die meisten körperlichen Aggressionen, beweisen aber auch, dass Konflikte nicht prinzipiell im Sinne von „Ich schade jemandem", sondern häufig als „Ich verteidige mein Tun und meine Pläne" zu verstehen sind.
- Kinder mit schwierigem Temperament und Familien mit falschem Antwortverhalten auf kindliche Bedürfnisse erhöhen die Wahrscheinlichkeit für eine Karriere zum aggressiven Risikokind, dessen problematische Gewaltbereitschaft eine hohe Stabilität bis ins Erwachsenenalter zeigt.
- Neue Studien ergaben, dass es bei Kleinstkindern nur vordergründig um Besitzkonflikte geht. In Wahrheit wollen sie alles erkunden, nicht bei ihren Spielideen gestört werden und werden durch andere Kinder neugierig gemacht, wenn diese denselben Gegenstand manipulieren.
- Schon Einjährige wollen soziale Einflussnahme testen. Erst im Alter von knapp zwei Jahren kommen der Wunsch nach Besitz, aggressive soziale Exploration und ungünstige Kontaktaufnahmeversuche dazu.

4 Prävention – Maßnahmen im Voraus

Konkrete Fragen aus der Praxis ...

➲ Kann in der Kindertagesstätte Gewaltkarrieren vorgebeugt werden?

➲ Gibt es spezielle Präventionsprogramme für den Kindergartenalltag?

➲ Welche Voraussetzungen braucht ein Kind für einen kompetenten Umgang mit Aggressionen?

➲ Wie kann ein Kind lernen, seine Wut zu beherrschen?

➲ Wie sehen Aggression senkende Umgebungen aus?

4.1 Vorbereitung auf den Umgang mit Aggressionen – eigenen wie fremden

Der Begriff „Prävention" bezeichnet den Versuch, Probleme wie Angst, Sucht oder Gewalt zu verhindern, und zwar bevor sie entstehen (Hafen 2002). Prävention beschäftigt sich also vorauseilend mit etwas, das noch gar nicht existiert. Sie muss im Voraus greifen, vermutete Ursachen für ein späteres Problem im Vorfeld erkennen und beheben. Viele Wege werden angedacht, um das Präventionsziel – die Verhinderung von etwas noch nicht Vorhandenem – möglichst effizient erreichen zu können. Und viele Fragen sind noch offen, z. B. zu welchem Zeitpunkt, auf welchen Wegen und in welcher Gruppenkonstellation welche Angebote die größte Chance haben, um von den Kindern angenommen zu werden.

> **Prävention vor aggressiven** Ausschreitungen muss im Säuglingsalter starten und darf in keiner Altersgruppe ausgelassen werden.

Wenn Prävention vor aggressiven Ausschreitungen wirken soll, muss sie im Säuglingsalter starten und darf in keiner Altersgruppe ausgelassen werden. Es braucht Aggressionsprävention von Anfang an, um ein sozial verträgliches Maß und eine an die Situation angepasste Form der Aggressivität zu erwerben und im Ernstfall Alternativstrategien zur Gewalttätigkeit zur Verfügung zu haben.

Die Stabilität von Aggressivität und Gewalttätigkeit macht Prävention besonders notwendig

Ungünstiges Elternverhalten in der Säuglingszeit, frühe aggressive Tendenzen des Kleinstkindes und auffallend aggressives Verhalten in Kindergarten und Grundschule sagen spätere Erwachsenenaggression besser voraus als jedes andere Merkmal – mehr noch als momentan ungünstige Lebensverhältnisse des Erwachsenen. Großuntersuchungen bestätigen, dass es möglich ist, über einen Zeitraum von über 20 Jahren die Gewaltbereitschaft Erwachsener vorauszusagen; eine Aggressionsstabilität ist somit eindeutig bestätigt (Zumkley 1994). Präventives Denken muss im Säuglingsalter starten!

Olweus (1979) belegte bereits vor 30 Jahren überzeugend, dass Täter- und Opferkarrieren im Vorschulalter beginnen und sich im Grundschulalter verfestigen. Auch die methodisch besonders hervorzuhebende Studie von Lösel & Bliesener (2003) legt Zusammenhänge nahe, dass besonders aggressive Schüler ein deutlich erhöhtes Risiko haben, relativ dauerhaft und in allen Lebensbereichen dissoziales Verhalten zu entwickeln. Ergebnisse zur Stabilität von Gewaltanwendung und Täter- wie Opferrollen lassen aufhorchen. Die psychiatrische Forschung zeigt, dass Verhaltensstörungen ein erhebliches Entwicklungsrisiko für Kinder darstellen und, je älter sie sind, eine ungünstige Prognose aufweisen (Petermann et al. 2001).

Potenzielle Risikofaktoren für die kindliche Entwicklung sind vielfältig bekannt. Dies können biologische Faktoren sein, zu denen z. B. genetische Einflüsse, Einflüsse der Hormone oder strukturelle Besonderheiten des Nervensystems, zum Teil auch besondere Herz- und Kreislaufprobleme zählen.

Zu den psychischen Risikofaktoren gehören z. B. Probleme bei der Wahrnehmung und bei der Impulskontrolle, aber auch eine verzerrte sozial-kognitive Informationsverarbeitung sowie eine unzureichende emotionale Entwicklung. Diese Einflussbereiche sind präventiv beeinflussbar (siehe Kap. 4.3).

Ressourcenarmut gilt auf mehreren Ebenen als Risikofaktor. Hierzu gehört die durch materielle Armut strukturell belastete Familie ebenso wie die emotionale Armut einer Eltern-Kind-Beziehung, die Unterstützung und Struktur verweigert und meist mit einer fatalen Sprachlosigkeit einhergeht. Defizite in der familiären Frühsozialisation zeigen sich vor allem in unsicheren Bindungen der Kinder an ihre Eltern und mangelnden Selbstwirksamkeitserfahrungen (Haug-Schnabel 2004b). Die eigene Familie eher als Risiko, denn als Schutz erleben zu müssen, hat Folgen für die Sozialkompetenz. Defizite in diesem Bereich ziehen gehäuft Entwicklungsbeeinträchtigungen nach sich, auch weil diese extrem belasteten Kinder von Gleichaltrigen gemieden oder zurückgewiesen werden.

Je mehr Risikofaktoren zusammenkommen, desto eher zeigt ein Kind Verhaltensstörungen und Beeinträchtigungen seines Entwicklungsverlaufs. Einzelne Risikofaktoren korrelieren nur wenig mit Verhaltensstörungen, erst ein Zusammentreffen der Risiken im Entwicklungsverlauf ist bedeutend. Je mehr Risikofaktoren sich bei einem Kind häufen, desto wichtiger ist ein möglichst früher präventiver Handlungsbedarf, da von Jahr zu Jahr die Beeinflussbarkeit des Entwicklungsverlaufs abnimmt.

Das Modell der kumulierten Entwicklungsrisiken sieht einen zunehmenden Handlungsbedarf vor,

» je mehr Risikofaktoren vorliegen

» je früher ein Problemverhalten gezeigt wird

» je häufiger ein Problemverhalten auftritt

» je länger ein Problemverhalten bereits gezeigt wird

» je vielfältiger das Problemverhalten ist – und

» je verschiedener die Kontexte sind, in denen das Problemverhalten auftritt (Hillenbrand & Hennemann 2005).

Für Kinder ohne erhöhtes Entwicklungsrisiko gilt eine aktive Entwicklungsbegleitung als wichtigstes präventives Moment (Krenz 2005). Sobald jedoch Kinder in der Gruppe sind, bei denen aufgrund verminderter Wahrnehmungs- und Verarbeitungsfähigkeiten und vergleichsweise geringen Ressourcen kompensatorische Maßnahmen nötig erscheinen, ist ein erhöhter Betreuungs- und Erziehungsbedarf in Form einer speziellen Förderung zur Verminderung bereits bestehender aggressiver Verhaltensprobleme angesagt.

Sogenannte **aggressive Risikokinder** sollten bereits im Kindergartenalter die größte pädagogische Aufmerksamkeit erhalten. Bei einigen von ihnen werden auch Förderungen und Interventionen nötig sein, die die Möglichkeiten der pädagogischen aber eben nicht-therapeutischen Einrichtung Kindergarten übersteigen. Aggressive Risikokinder sind Kinder, die schnell und oft mit unkontrolliert heftigen Aggressionen handeln. Ihre Art, im sozialen Gefüge zu agieren, ist asozial. Bei diesen Kindern finden sich charakteristische Gemeinsamkeiten in ihrer Kindheit (siehe auch Kap. 3.2):

▸▸ Die Hauptbezugspersonen haben das Kind schon als Säugling abgelehnt. Die Kinder haben viele Situationen erlebt, in denen ihre kindlichen Bedürfnisäußerungen ignoriert oder aggressiv unterbunden wurden. Das familiäre Interaktionsklima war durch Kälte und Ignoranz geprägt, sodass die Kinder bereits früh mit emotionalen Defiziten leben mussten. Körperliche Gewalt gehört zur Tagesordnung.

▸▸ Die ersten gewalttätigen Ausbrüche der Kinder wurden von ihrer familiären Umgebung nicht aufmerksam wahrgenommen und zu stoppen versucht, indem Halt gewährt und Grenzen aufgezeigt wurden. Auf Aggression wurde inkonsistent und unvorhersagbar – einmal gar nicht, dann wieder nachgebend, manchmal mit extremer Strenge und Gewalt – geantwortet.

▸▸ Die Kinder sind Alltagspräsenz von Gewalt gewohnt. Sie stammen aus autoritären, restriktiven Familien, die Gewalt am eigenen Leib verspürt haben oder Zeuge von Gewalt an einem anderen Familienmitglied geworden sind.

Diese Risikokinder unterscheiden sich nicht nur in ihrer Vorgeschichte von ihren „durchschnittlich aggressiven" Kameraden; ihre Wahrnehmung ist verändert, was sie den Alltag anders erleben lässt, ihre sozialkognitive Informationsverarbeitung verzerrt (z. B. Lösel et al. 1997):

▸▸ Die Kinder sehen in vielen Handlungen weit schneller als andere Kinder eine Provokation und neigen dazu, Interaktionspartnern feindselige Motive zuzuschreiben. Die Überzeugung, sich oft etwas erkämpfen oder sich verteidigen zu müssen, liegt nahe – zumal aggressives Agieren von ihnen positiv bewertet wird.

▸▸ Die Aggressions- und vor allem die Medienforschung zeigen, dass diese Kinder aggressive Szenen – egal ob sie diese selbst erlebt, virtuell gesehen oder davon gehört haben – in ihrem Gedächtnis an bevorzugtem Platz abspeichern und sie deshalb konkurrenzlos schnell wieder als eigene Reaktionsmöglichkeit in Konfliktsituationen abrufen. Sie haben mehr aggressive und impulsive Reaktionsmuster in ihrem Verhaltensrepertoire. Aggressiv zu reagieren ist ihre Strategie erster Wahl, weil ihnen Interaktionserlebnisse und Erfolge mit aggressionsfreien Alternativen fehlen und außerdem weniger attraktiv erscheinen (Irwin & Gross 1995).

Diese Kinder brauchen eine individuelle Prävention, der eine frühzeitige Problemerkennung vorausgehen muss. Diese liegt im Kindergarten oft im Ermessen der Erzieherinnen, was erhebliche Einschätzungsunterschiede mit sich bringt. Auch die in den Einrichtungen gängigen Entwicklungs-Checks oder Beobachtungsbögen berücksichtigen aggressives Verhalten, wenn überhaupt, nur auf einer eher undifferenzierten Ebene. Differenzierter sind die Beobachtungsbögen zur Erfassung von Entwicklungsrückständen und Verhaltensauffälligkeiten bei Kindergartenkindern (BEK von Mayr 1998) und die Bögen zur Entwicklungsbeobachtung und -dokumentation (EBD 3-48 von Petermann et al. 2008).

Die Beobachtungsbögen zur Erfassung von Entwicklungsrückständen und Verhaltensauffälligkeiten bieten folgende Antwortkategorien zur Einordnung an:

▸▸ Im Problembereich „Verhalten, Aggression in der Gruppe": „streitet mit anderen Kindern; schlägt, beißt, kratzt andere Kinder; zerstört Spielzeug"

▸▸ Im Problembereich „Verhalten, Aggression im Kontakt mit der Erzieherin": „verhält sich provozierend, herausfordernd und frech; akzeptiert keine Grenzen; schimpft und schreit bei Verboten; ignoriert Anweisungen und Verbote".

Die Bögen zur Entwicklungsbeobachtung und -dokumentation beinhalten folgende mögliche Aussagemöglichkeiten: Das Kind

▸▸   kann Ärger ausdrücken (6 Monate)

▸▸   verteidigt sein Eigentum (24 Monate)

▸▸   gliedert sich in die Kindergruppe ein (42 Monate)

▸▸   kann seine Emotionen regulieren (48 Monate)

▸▸   kann Grenzen akzeptieren (48 Monate).

Lösel & Bliesener (2003) stellen Prinzipien vor, an denen eine individuelle Prävention für Kinder mit bereits deutlichem Problemverhalten auszurichten ist. Möglichst vielfältig sollten die Programme sein, die spezifische Risiken im kognitiven und sozialen Entwicklungsverlauf angehen, um den Kumulationseffekt der Risikofaktoren abzuschwächen. Unter den Präventionsforschern ist es unumstritten, größten Wert auf verbesserte Prozesse der sozialen Informationsverarbeitung zu legen, denn: Kommen zu sozialen Risiken Defizite in der sozialen Informationsverarbeitung und Handlungskontrolle hinzu, droht ein krimineller Lebensstil.

4.2 Lernfeld Aggression – die Notwendigkeit einer Gewaltprävention im Kindergarten

Auch wenn Konflikte im Vorschulalter als Normalphänomene zu betrachten sind, heißt dies keinesfalls, dass diese bzw. die Art und Weise ihrer Austragung nicht beachtet werden müssen. Denn hier besteht die potenzielle Gefahr, dass es bei einem aggressionsverstärkenden Sozialisationsverlauf zu gefährlichen Lerneffekten kommt und sich aggressive Verhaltensweisen manifestieren (Parens 1995; Sturzbecher &

> **Auch wenn Konflikte im** Vorschulalter als Normalphänomene zu betrachten sind, heißt dies keinesfalls, dass diese nicht beachtet werden müssen.

Großmann 2002). Aggressive Aktionen oder Reaktionen dieser Altersgruppe verdienen Beachtung und erfordern in den ersten Sozialisationsjahren eine klare Reaktion des Erwachsenen. Entweder braucht die aggressive Handlung eine Einhalt gebietende Antwort, weil ein derartig vehementes, womöglich verletzendes Verhalten nicht toleriert werden kann und somit auch nicht erfolgreich sein darf. Oder es bedarf einer bestätigenden Antwort, dass es angebracht war, hier Widerstand zu leisten oder laut und deutlich auf eine Ungerechtigkeit oder Zumutung hinzuweisen, und so auch der Ton und die Form des Aufbegehrens akzeptiert werden. Denn es muss klar sein, dass nur unter diesen Voraussetzungen Kontrahenten – selbst wenn der Protest berechtigt ist – mit Aussicht auf Erfolg zum Nachdenken und vielleicht sogar zu einer Verhaltensänderung bewegt werden können.

Das sind Spielregeln, die ein soziales Miteinander von Menschen mit ganz verschiedenen Bedürfnissen möglich machen. Doch diesen Regeln muss man erst begegnen, sie beobachten, erlernen, vielleicht sogar ihren Wert erkennen. Dies kann kein Kind allein leisten, trotz aller frühen interaktiven Kompetenzen. Hier bedarf es verantwortungsbewusster Erwachsener mit Aufmerksamkeit und Responsivität, die klar Stellung beziehen, notfalls auch eingreifen und als günstige Modelle durch die Schaffung vielfältiger Erfahrungsmöglichkeiten in gewalt- und niederlageloser Konfliktbewältigung ein förderliches Sozialisationsumfeld bieten.

Die spektakulären Ergebnisse der „Kinderläden-Untersuchungen" aus den 1970er-Jahren überraschen in ihrer Eindeutigkeit noch immer (Nickel & Schmidt-Denter 1980): Jungen und Mädchen repressionsfrei und dadurch frustrationsfrei zu erziehen und bei Konflikten als Erwachsener eine neutrale Haltung einzunehmen, hatte nicht – wie erwartet – zu einer harmonischen geschlechtlichen Angleichung geführt, sondern zu einem ausgeprägteren Rollenstereotyp als in klassischen Kindergärten der damaligen Zeit. Die Jungen lösten ihre Konflikte vorzugsweise mit brachialer Gewalt und fanden dies auch richtig, während Kinderladenmädchen noch bereitwilliger nachgaben und ängstlicher agierten als Mädchen aus „normalen" Kindergärten. Inzwischen bestätigen zahlreich nachfolgende empirische Untersuchungen, dass aggressive Verhaltensweisen sich im Vorschulalter stabilisieren können, besonders wenn die Aggressoren zumeist erfolgreich sind und keine Sanktionen zu befürchten haben (siehe Kap. 6.4).

Dass Kinder Konflikte möglichst unter sich lösen sollten, ist eine zu wenig differenzierte Forderung. Sie sind dazu sogar beeindruckend kompetent in der Lage, aber nur, wenn sie zuvor den Umgang mit eigenen und fremden Emotionen gelernt haben und über ein reichhaltiges Repertoire an gewaltfreien Konfliktlösestrategien verfügen – und wenn sie zumindest anfangs mit dem Einschreiten der Erwachsenen rechnen müssen, die gewalttätige Lösungen nicht akzeptieren, Tätern Alternativen aufzeigen und Opfer zu mehr Selbstvertrauen und Durchsetzungsfähigkeit motivieren.

Kinder richten ihr Verhalten gemäß dem damit einhergehenden Erfolg und den damit verbundenen „Kosten" aus. Die renommierte Zeitschrift „Child Development" druckte bereits 1959 folgende Ergebnisse des Psychologenteams Siegel und Kohn ab: Werden in altersgemischten Kindergruppen Interessen immer wieder von einigen Kindern erfolgreich mit aggressiven Mitteln durchgesetzt, wertet die Gruppe dieses Verhalten als erfolgreiche Strategie und nimmt sich diese „Sieger" samt ihrem Verhalten zum Vorbild. Die aggressive Konfliktlösung etabliert sich, wenn kein Pädagoge anwesend ist. Sind zwar Erwachsene anwesend, greifen aber bei den „Gewalttouren" nicht ein, erlebt der Aggressor deren Passivität als zusätzliche Bestätigung seines Tuns, das Opfer resigniert (da die erhoffte Unterstützung ausbleibt) und die Gruppe der zwar unbeteiligten aber höchst aufmerksamen Zuschauer fühlt sich entlastet – nach dem Motto: Wenn der Erwachsene nicht eingreift, wird das Siegerverhalten auch bei bestehenden Bedenken in Ordnung sein. So wird der Glaube an die Effizienz der Aggression noch stabiler und gewalttätige Ausschreitungen nehmen zu.

Kinder werden nicht ohne Zutun erwachsener Bezugspersonen auffallend aggressiv, wobei dieses negative Zutun auch ein Nichtstun bedeuten kann. Denn das Kind ist in Zweifelsfällen auf der Suche nach

> **Kinder werden nicht ohne** Zutun erwachsener Bezugspersonen auffallend aggressiv, wobei dieses negative Zutun auch ein Nichtstun bedeuten kann.

Klärung seitens der anwesenden Bezugsperson. Gerade bei Irritationen oder sich anbahnenden Konflikten in der Interaktion versucht ein Kind Informationen zum Stand der Dinge und zum weiteren Verhalten über abfragende Blicke zur Bezugsperson einzuholen – ein Phänomen, das als „soziale Bezugnahme" (social referencing) bezeichnet wird. Es schaut die Mutter oder die Erzieherin an und versucht über ihren Gesichtsausdruck und die von ihr ausgesendeten Signale die Lage einzuschätzen. Je nach Reaktion traut sich das Kind im gleichen Stil weiter zu agieren oder ändert sein Verhalten. Die soziale Bezugnahme ist eine Möglichkeit, direkt zur Situation von jedem Vertrauten mit mehr Erfahrung Informationen einzuholen. Ob das Ganze im Sinne einer erfolgreichen Konfliktlösung klappt, hängt von der Aufmerksamkeit und Antwortbereitschaft der Bezugsperson sowie der Qualität des eigenen Bewältigungsverhaltens ab.

Das für das Kindergartenalter typische Konfliktmaximum ist normal und geht auf Defizite zurück, die entwicklungsbedingt sind. Noch ausstehende Reifungsschritte und unzureichende Erfahrung im Umgang mit Anforderungssituationen im sozialen Miteinander sind hierfür verantwortlich. Der Weg dorthin bedarf einer aktiven Entwicklungsbegleitung. Deshalb hat Erziehung auch die Aufgabe, durch zugewandte und kompetente Begleitung zum selbsttätigen Erkennen und Handeln anzuleiten – nicht nur in Konfliktsituationen (Haug-Schnabel 2003a).

Universelle Gewaltprävention in Form aktiver Entwicklungsbegleitung
In den ersten sechs Lebensjahren können Kinder bei emotional warmen, offenen, aber auch strukturierten und normorientierten Erziehungsbedingungen wichtige Fortschritte in ihrer kognitiven, affektiven und sozialen Entwicklung erzielen, die sie schützen und dazu befähigen, in interaktiven Anforderungssituationen immer kompetenter zu agieren (Frick 2007). Das ist von großer Bedeutung, denn mit zunehmendem Alter steigen die normativen Erwartungen von außen an die Kinder. Zwar wird eine gewisse Variationsbreite an Verhalten

akzeptiert, doch setzen jenseits dieser Grenze, wenn sich soziale Kompetenzdefizite und Verhaltensprobleme eindeutig bemerkbar machen, negative Etikettierungen an. Erwachsene werten aggressives Verhalten als Ankündigung für eine dissoziale Entwicklung, Kinder untereinander als Grund für eine geringe soziale Akzeptanz sowie als Rechtfertigung für einen verletzenden Ausschluss. Das bedeutet, dass das Kind zu sozialen Lernerfahrungen in der Gruppe, die seine Konfliktlösestrategien verbessern könnten, wiederum keinen Zugang hat (Hillenbrand & Hennemann 2005; Caspi et al. 1987).

Krisen vielfältigster Art gehören daher zur normalen kindlichen Entwicklung, ihre Bewältigung zum Erziehungsalltag. Jede Auffälligkeit hat ihre Altersperiode, in der sie bevorzugt auftritt. Beißen, Kratzen oder Schlagen von anderen Kindern kommt z. B. vor allem im Alter von zwei bis fünf Jahren vor (Largo & Benz-Castellano 2005).

> **Jede Auffälligkeit hat ihre** Altersperiode, in der sie bevorzugt auftritt.

Eine Entwicklungsaufgabe gilt als bewältigt, wenn sich ein Kind so weit entwickelt hat, dass es nun über erweiterte, differenziertere und verlässlichere Vorstellungen über sich und seine Umwelt verfügt. Dieser Zuwachs an Vorstellungskraft regt Aktivitäten an und befähigt zu Tätigkeiten, die es dem Kind ermöglichen, Besonderheiten einer Situation wahrzunehmen und diese – je nach bisheriger Erfahrung damit – zu erhalten oder zu verändern. Es bedarf entsprechender Gelegenheiten (z. B. anregende und die Selbstbildung ermöglichende Umgebungen, Modelle mit gutem Bewältigungsverhalten bei Problemen) und eigener Potenziale (z. B. ausgeglichene psychosoziale Funktionsabläufe, ausgeglichene Temperament- und Charaktereigenschaften, eine effektive sozial-kognitive Informationsverarbeitung), um Entwicklungsaufgaben erfolgreich bewältigen zu können (nach Petermann u. a. 2004).

Während der Kindergartenjahre steht gerade für den Umgang mit Aggressionen und Agieren in Konflikten ein ganzes Sortiment an bedeutenden Entwicklungsaufgaben an, die auch die gängigen Präventionsprogramme ins Auge fassen. Versucht man das gemeinsame Ziel der inzwischen vielfältig erarbeiteten universellen Präventionsprogramme zur Förderung sozial-emotionaler Kompetenzen weitgehend

> **Während der Kindergarten-** jahre steht gerade für den Umgang mit Aggressionen ein ganzes Sortiment an bedeutenden Entwicklungs- aufgaben an.

unauffälliger Kinder zu benennen, so geht es in der Hauptsache darum, Kinder in die Lage zu versetzen, soziale Hinweisreize so interpretieren zu können, dass das Verhaltensresultat von Betroffenen wie Außenstehenden akzeptiert und toleriert werden kann. Alle Programme intendieren, dass ein Kind mit Emotionen umgehen kann, Empathie entwickelt, aber auch im Laufe der Zeit immer mehr soziales Wissen speichert und Regeln kennenlernt.

Die folgenden sozialen Kernkompetenzen finden sich zumeist gebündelt – wenn auch mit unterschiedlicher Schwerpunksetzung – als Trainingsangebote in den bekanntesten universellen Präventionsprogrammen (z. B. Gewaltpräventionsprogramme Second Step/Faustlos, Eigenständig werden, Lions Quest; nachzulesen in Gugel 2008):

➠ Erkennen und Ausdrücken von Gefühlen zur Förderung einer differenzierten Selbst- und Fremdwahrnehmung

➠ Förderung der Empathiefähigkeit

➠ Förderung der Selbst- und Impulskontrolle sowie einer angemessenen Emotionsregulation

➠ Differenzierung der sozialen Wahrnehmung

➠ Umgang mit Ärger und Wut

➠ Modelle für Problemlösungen und Anwendung dieser Strategien

➠ Umgang mit Stress

➠ Steigerung der Selbstwerteinschätzung

➠ Angemessene Selbstbehauptung.

Es handelt sich bei all diesen Spezialprogrammen ohne Zweifel um wertvolle Entwicklungsangebote. Doch tendenziell lässt sich beobachten, dass es zu einer Steigerung und vor allem Stabilisierung der präventiven Effekte kommt, wenn in möglichst variierenden Kontexten außerhalb des Projektrahmens gleichlautende Alltagserfahrungen gemacht werden können. Diese werden vermittelt oder angeregt durch Erwachsene als Autorität im Sinne eines demokratischen Erziehungsmodells und sozialkompetente Peers im Sinne eines sozial attraktiven, da erfolgreichen Nachahmungsmodells.

4.3 Die ersten Voraussetzungen für spätere Aggressionskompetenz

Empathie ist uns nicht angeboren

Das Defizit aus Kindheiten mit Bindungsunsicherheit, Zurückweisung und Demütigung zeigt sich vor allem in alltäglichen sozialen Herausforderungen an der nur unzureichend vorhandenen Empathie. Sich in andere Menschen einfühlen zu können, unmittelbar an den Gefühlen bzw. Absichten anderer Personen teilzuhaben, diese zu verstehen und mitzuempfinden, ist ein Prozess, der Jahre dauert. Jedes Kind bringt hierfür vielfältige genetisch bedingte Startvoraussetzungen mit. Diese entfalten sich im Laufe seiner Entwicklungszeit – vorausgesetzt, dass das Kind die hierfür nötigen Anregungen bekommt.

> **Das Defizit aus Kindheiten** mit Bindungsunsicherheit, Zurückweisung und Demütigung zeigt sich v. a. in alltäglichen sozialen Herausforderungen an der nur unzureichend vorhandenen Empathie.

Es muss von seinen Hauptbezugspersonen beachtet und beantwortet werden, sie müssen seine Gefühle spiegeln und seine Äußerungen bestätigen oder regulierend korrigieren.

Es ist wichtig, wie Eltern ihre Emotionen ausdrücken und wie sensibel sie auf kindliche Gefühle reagieren. Wer seine Emotionen erleben darf und sie nicht unterdrücken muss, hat es viel leichter, da auf diese Weise positive Emotionen bekräftigt werden und beim Umgang mit negativen Gefühlen geholfen wird. Wir sprechen von einer echten

Spiegelung oder korrigierenden Beantwortung, einer stimmig erlebten Beziehungsrealität, wenn Gefühle und Wahrnehmungen des Kindes einfühlsam erfasst und sprachlich passend bestätigt werden. Dazu gehört auch, dass das gesamte Repertoire von Erfahrungen und Emotionen ins zwischenmenschliche Erleben eingeschlossen wird. Das heißt: Alles wird angesprochen, nichts wird ausgeklammert. Emotionale Kompetenz wird behindert, wenn ein Kind erleben muss, dass bestimmte Aspekte seiner Empfindungen unbeantwortet bleiben und niemand eine Abstimmung versucht. Das kann z. B. Zärtlichkeitsäußerungen betreffen, aber genauso auch Mitteilungen, die den Ärger oder die Wut des Kindes spüren lassen. Genau diese Nichtbeantwortung der Gefühle lässt beim Kind Hilflosigkeit aufkommen. Das Kind wird diese Gefühlsäußerungen unterdrücken und auch bei anderen Menschen nicht darauf reagieren – höchstens mit Angst und Verunsicherung. Die in der Interaktion ausgeklammerten Empfindungen nimmt das Kind als nicht mitteilbar wahr, d. h. es kann niemandem seine Hilflosigkeit mitteilen, niemandem vermitteln, in welcher Situation es sich befindet. Diese ausgeklammerten Empfindungen sind aber nach wie vor als Gefühle und Erlebnisweisen vorhanden, bleiben jedoch vom zwischenmenschlichen Erleben ausgeschlossen. Hier passiert ein Erlebnisraub, der sprachlos macht, weil diese Empfindungen eben nie adäquat in Worte umgesetzt worden sind.

Am eigenen Leib muss man Empathie erlebt haben, um nach der Ausbildung des Selbstkonzeptes empathisch reagieren zu können. Um ein mitempfundenes Gefühl auf den eigentlich Betroffenen beziehen zu können, muss der emphatische Beobachter eine Ich – Andere-Unterscheidung treffen können. Das Kind muss ein Selbstkonzept ausgebildet haben. Beim Selbstkonzept handelt es sich um eine bewusste Repräsentation des eigenen Ichs als ein Objekt auf der Vorstellungsebene. Mit dieser Selbstobjektivierung wird eine psychische Grenze ausgebildet, die es ermöglicht, eigenes Erleben von dem des anderen abzugrenzen. Dieser Quantensprung im Entwicklungsgeschehen passiert im Alter zwischen 18 und 24 Monaten und wird dadurch sichtbar, dass sich die Kinder nun selbst im Spiegel erkennen (Bischof-Köhler 2000). Die meisten Kinder, die sich im Spiegel erkennen, reagieren auf die Notlage einer Person mit Betroffenheit und Hilfeversuchen, während Kinder mit noch fehlendem Selbstbewusstsein in entsprechenden Situationen verwirrt sind oder unbeteiligt bleiben.

Aber auch die Bindungsqualität hat Einfluss auf Empathie: Unsicher gebundene Kinder reagieren auch im Alter nach der Selbstobjektivierung mehrheitlich unempathisch. Ob der Grund fehlende Empathie und Unvermögen zu helfen ist, oder ob es sich um eine Empathieabwehr handelt, ist schwer zu entscheiden. Empathieabwehr würde bedeuten, die durchaus wahrgenommenen Gefühle des anderen nicht an sich ranzulassen, da man selbst nur begrenzt in der Lage ist, bei sich selbst Emotionen zuzulassen (Bischof-Köhler 2000).

Sozial-kognitive Informationen verstehen

Es gibt bereits Fünfjährige mit beeindruckender Autorität und ersten Anzeichen von Zivilcourage. Sie haben Führungsqualitäten – und das wissen die anderen und respektieren sie. Interessant ist hier auch die Tatsache, dass diese Kinder beliebt sind, und wer sie zum Freund oder zur Freundin hat, wird attraktiver.

Was können diese Kinder bereits, weshalb sie in der Gruppe auffallen? Sie scheinen das soziale Gefüge zu durchschauen und sozial-kognitive Informationen zu verstehen und lassen zum Beispiel Vorurteile einem bestimmten Kind oder einer Gruppe gegenüber erst gar nicht aufkommen: „So ein Quatsch, Mädchen sind nicht doof! Matthis, du hast nur Angst, dass sie geschickter sind als du! Dass du dich blamieren könntest. Nur deshalb machst du bei ihrem Spiel nicht mit!"

Es gibt unter ihnen Kinder, die sich für andere einsetzen: „Natürlich darf Pauline mitspielen, sie hat doch das letzte Mal mit ihren kleinen Händen einen tollen Tunnel gebaut!" „Das finde ich blöd, dass du jetzt an Mike rummeckerst, nur weil dein Bild nicht so geworden ist, wie du es wolltest."

Zu den in den ersten Jahren von allen Kindern zu erreichenden Sozi-
alzielen im Umgang mit eigenen und fremden Aggressionen gehören:

▸▸ Selbstwirksamkeitserfahrungen

▸▸ Selbstregulation der Erregung, Zügelung der Impulsivität

▸▸ Handlungsplanung unter Einbeziehung der Intentionen anderer
wie auch der Vorwegnahme der Bewertung eigener Handlungsfol-
gen durch andere

▸▸ Effektive sozial-kognitive Informationsverarbeitung.

Gerade die letztgenannte Fähigkeit, die **sozial-kognitive Informationsverarbeitung,** braucht viele Voraussetzungen, um ihre protektive
Wirkung gegenüber psychosozialen Risikofaktoren zeigen zu können.
Sie erlebte aufgrund ihrer entwicklungstragenden Bedeutung in den
letzten Jahren ein großes Forschungsinteresse. Während die von Crick
und Dodge (1994) erstellte Ersttheorie den Erwerb sozial adäquater
Verhaltensweisen vorzugsweise aus kognitiver Sicht erklärte und auf
dieser Ebene auch Prävention und Intervention ansetzen ließ, erweiterten Lemerise und Arsenio (2000) das Modell sozial-kognitiver Informationsverarbeitung um den auf alle Teilprozesse wirkenden Einfluss
der Emotionen. Denn es gibt keine emotionsfreie Informationsverarbeitung. Deshalb sind schon die Wahrnehmung, Entschlüsselung
und Interpretation sozialer Hinweisreize in Interaktionen zwischen
Kindern vom individuell entwickelten emotional-sozialen Wissen, der
emotionalen Wiedererkennung der Situation und zusätzlich von den
affektiven Reaktionen ihrer Interaktionspartner abhängig.

Wie ein sozialer Hinweisreiz individuell interpretiert wird, hängt
von den jeweiligen entsprechenden Vorerfahrungen ab. Es gilt als eindeutig nachgewiesen, dass das Wiederholen von aggressiv-impulsiven
Antwortschemata aus dem Gedächtnis, oft gekoppelt mit einer inzwischen feindlichen Einstellung, einen zentralen Einflussfaktor bei
der sozial-kognitiven Informationsverarbeitung darstellt (Lösel et al.

2007). Als Vorerfahrungen stehen jedem Kind sein gespeichertes soziales Wissen und seine erlernte Regelsammlung zur Verfügung. Hat es bereits Interpretationsvarianten zur Verfügung, konstruiert das Kind verschiedene Handlungsalternativen, die es auf Vereinbarkeit mit den erlernten sozialen Schemata überprüft. Auch seine aktuelle Erregungssituation und die Fähigkeit zur Emotionsregulation gehen in die Reaktionsentscheidung ein. Durch eine schnelle Selbstwirksamkeitsüberprüfung – wie „gut" waren meine Reaktionen bisher und wie ging es mir dabei – wird die Entscheidungsfindung nochmals beeinflusst. Parallel behält das Kind im Auge, wie gerade im Moment die emotionalen Reaktionen seiner Kameraden aussehen und richtet auch danach eine Reaktionsentscheidung aus. Hat das Kind eine Reaktion ausgewählt und umgesetzt, bewertet die soziale Umwelt die durchgeführte Reaktion blitzschnell und reagiert ihrerseits erneut und sendet wiederum neue soziale Hinweisreize, die beim nächsten Mal „in die Rechnung eingehen" werden (nach Hillenbrand & Hennemann 2005 und Lemerise & Arsenio 2000).

Diese Befunde zeigen: Es liegt allein in der Verantwortung Erwachsener, Kinder auf ein gewaltfreies Miteinander vorzubereiten und sie unter diesen Rahmenbedingungen ihre Konfliktlösestrategien finden zu lassen.

4.4 Sozial-kognitive Informationsverarbeitung im Einsatz: Spielerische Aggression

Ernst verboten, alles nur gespielt!

„Also pass auf! Ich bin ein wilder Tiger und sitze im Urwald und warte darauf, dass du vorbeikommst. Dann springe ich vom Baum auf dich drauf, du fällst um, ich schlage mit den Tatzen auf dich ein, dann beiß ich dir den Kopf ab. Gut? Alles klar?"

„Halt, wart mal! Und was ist, wenn ich auf den Boden knalle, wenn du auf mich springst?"

„Dann legen wir eine Decke dahin, wo du umfällst. Ok?"

„Alles klar, klasse!"

Eine Einladung zu einem kleinen Kampf startet eine besondere Form der Auseinandersetzung. Es handelt sich um die spielerische Aggression, eine typische soziale Verhaltensweise, die am häufigsten im Peerspiel von Kindern und Jugendlichen zu finden ist. Die spielerische Aggression gibt es aber auch in Form von Balgespielen zwischen Eltern und Kindern und beim spielerisch-kämpferischen Tollen zwischen Verliebten.

Allen Formationen gemeinsam ist, dass immer aggressives Agieren und aggressives Reagieren nur gespielt werden. Die Lust zur spielerischen Auseinandersetzung veranlasst die Spielpartner, sich gegenseitig anzugreifen, sich zu verfolgen, sich zu verteidigen oder voreinander zu fliehen. Alle eingesetzten Imponier- und Kampfhandlungen sind so beschaffen, dass der Spielkampfgegner bewusst nicht geängstigt oder verletzt wird.

Schaut man sich eine solche aggressive Spielhandlung genauer an, so findet man Szenen, die in ähnlicher, wenn nicht sogar identischer Form auch in ernsten Kampfszenen vorkommen könnten: schlagen, treten, beißen, kratzen, zwicken, drohen, festhalten, jagen, fliehen, verfolgen … Die Einzelelemente stammen tatsächlich aus dem aggressiven Verhalten, doch werden sie nur angedeutet oder abgeschwächt eingesetzt.

Der wesentliche Unterschied ist folgender: Es ist nicht Aggressivität, die zum Agieren veranlasst, sondern Spielbereitschaft. Nicht etwas, was wütend gemacht hat, löst das Kämpfen aus, sondern Lust auf Kämpfen und Jagen. Wichtig ist der eindeutige „Spielcharakter" der Situation. Deshalb treten die Elemente aus dem Angriffs- und Kampfverhalten nie allein auf. Das wäre auf der Signalebene zu riskant, könnte zu Missverständnissen führen. Immer sind die Spielhandlungen von Zeichen der gegenseitigen Beschwichtigung und von Verhaltensweisen, die einen freundschaftlichen Kontakt zwischen den Kindern anzeigen, begleitet.

Für eine erfolgreiche spielerische Aggression gibt es charakteristische, nicht austauschbare Voraussetzungen:

▸▸ Alle beteiligten Kinder wollen miteinander kämpfen! Typisch ist, dass sie lachen oder eine freundliche Mimik zeigen, die ihr Einverständnis mit dem Spielverlauf signalisiert und auch als Beschwichtigungs- und Bindungsgeste aufgefasst werden kann.

▸▸ Vor und nach dem Kampf, aber auch in Kampfpausen, ist ein eher zärtlicher Körperkontakt zwischen den „Spielkontrahenten" zu beobachten.

▸▸ Typisch sind auch die beidseitig eingehaltenen Pausen zwischen zwei Kampfszenen, in denen man sich verschnaufen und über den weiteren Kampfverlauf besprechen kann.

▸▸ Auffallend ist der gebremste Einsatz der Körperkraft, um Verletzungen zu vermeiden, aber sicher auch, um keinen vorzeitigen Spielverdruss beim zu grob behandelten Partner heraufzubeschwören.

▸▸ Verbale Stoppsignale wie „Aua!", „Nicht so stark!", Wart' mal kurz!" werden akzeptiert.

▸▸ Riskante Kampfhandlungen, deren Durchspielen mit Verletzungsgefahr verbunden wäre, werden nur angedeutet oder als „Drehbuchtext" gesprochen („Dann würde dich mein Pfeil durchbohren und rückwärts auf den Boden werfen!" „Dann würde ich dich so fest würgen, bis du im Gesicht lila wärst!").

Spielerische Aggression wird nicht nur innerhalb derselben Altersgruppe gespielt, sondern auch zwischen alters- und kräftemäßig recht unterschiedlichen Kindern. Oder denken Sie an das Extrempaar Papa und Kleinkind, die ja auch begeistert miteinander kämpfen. Um diese besonderen Spielgruppierungen zu ermöglichen und Schadensfreiheit zu gewährleisten, geben die größeren Kindern oder Elternteile ihren kleineren „Feinden" in schwierigen Situationen Hilfestellung, indem sie z. B. ihrem Verfolger über ein Hindernis helfen, damit dieser sie weiterhin verfolgen kann. Ein geschickter Versuch, sich gegenseitig besser aufeinander abzustimmen, ist das sogenannte „self-handicapping" des überlegenen Spielpartners. Er behindert sich selbst, um bezüglich Geschwindigkeit und Geschicklichkeit mit seinem schwächeren Spielgegner besser übereinzustimmen. So rennt das größere Kind z. B. betont langsam, auf einem Bein hüpfend oder auf allen Vieren krabbelnd hinter dem davoneilenden Kleinen her.

> **Das Wichtigste bei der** spielerischen Aggression ist das Spiel selbst – alles wird getan, um das Spiel aufrechtzuerhalten.

Das Wichtigste bei der spielerischen Aggression ist das Spiel selbst – alles wird getan, um das Spiel aufrechtzuerhalten. Hier geht es nicht um eine Entscheidung oder gar um einen Sieg, denn dann wäre das Spiel ja aus. Das ist auch der Grund dafür, weshalb es bei der spielerischen Aggression einen mehrmaligen Rollentausch zwischen Verfolger und Verfolgtem geben kann, ebenso wie die Tatsache, dass besonders schöne „Kampfabschnitte" mehrmals hintereinander wiederholt werden. Mein schönstes Zitat hierzu: „Sterb' doch bitte noch 'mal ganz überrascht so schön tot!"

> Wie steht es mit Ihrer Haltung zur spielerischen Aggression?
> Freuen Sie sich, wenn sie irgendwo in der Gruppe startet?
> Sagen Sie ab und zu „Ihr habt heute ja noch gar nicht miteinander gekämpft"?
> Oder sind Sie vom Balgen und Raufen gar nicht so begeistert, weil Sie das schnelle Umschlagen vom Spaß zum Ernst befürchten?
> Befürchten Sie kaum mehr zu kontrollierende Eskalation und Verletzungen?
> Haben Sie die Erfahrung gemacht, dass das wilde Spiel Unruhe unter den Kindern aufkommen lässt?
> Unterbinden Sie spielerische Aggression nach Möglichkeit?
> Verbieten Sie spielerische Aggression auf jeden Fall immer, wenn besondere „Kandidaten" daran beteiligt sind?

Den Umgang mit Interaktionssignalen üben

Die Befürchtungen, aus kämpferischem Spiel werde zu schnell Ernst, sind in den meisten Fällen unbegründet. Selten ist bei spielerischer

Aggression pädagogisches Intervenieren nötig, aber immer ist Aufmerksamkeit angebracht. Denn spielerische Aggression stellt hohe Anforderungen an die sozial-kognitive Informationsverarbeitung. Sie hat höchst positive Auswirkungen auf das Gruppengeschehen, kann aber durch vielerlei Störfaktoren beeinträchtigt werden.

Die positiven Folgen spielerischer Aggression lauten:

▸▸ Sie hält Spielgruppen länger zusammen. Wirken nach einem längeren gemeinsamen Spiel die Kinder etwas ausgelaugt, so ist es meist eine kleine spielerische Aggression, die wieder Spaß und neue Motivation aufkommen lässt.

▸▸ Die spielerische Aggression ist eine höchst erfolgreiche Strategie, um mit einem Kind in Kontakt zu kommen, ja sogar, um in eine schon bestehende Spielgruppe hineinzugelangen. Kinder scheinen die Mühe eines spielwilligen Kindes, sich fantasievoll in die Gruppe hineinzukämpfen, mit einer Mitspielerlaubnis zu belohnen.

▸▸ Im Anschluss an eine echte Auseinandersetzung kann eingesetzte spielerische Aggression das Ernstverhalten in über der Hälfte der Fälle sofort beenden und ins Spiel „umleiten".

Spielerische Aggression ist also wichtig, aber leicht störanfällig! Wann müssen Sie eingreifen? Wann besteht tatsächlich die Gefahr für Unruhe, Verletzung und Eskalation, das Umschlagen von spielerischer zu ernster Aggression? Das geschieht immer dann, wenn die für spielerische Aggression wesentlichen Voraussetzungen nicht gegeben sind und deshalb Missverständnisse drohen:

Sobald eines der beteiligten Kinder nicht mehr beim Kampf mitmachen will, weil es keine Lust dazu hat, ihm nicht oder noch nicht danach ist, es sich fürchtet, oder das Kind, das es zum Kampf aufgefordert hat, nicht sein Spielvertrauen besitzt, müssen Sie einschreiten. Sie werden die Kinder auf die Ungleichheit der Bereitschaft hinweisen und das nicht einwilligende Kind in seiner Ablehnung unterstützen.

Sobald nur Kampfelemente zu sehen sind, kein Lachen, keine Zeichen der freundschaftlichen Verbundenheit und Zugewandtheit, sollten Sie den Spielwunsch beider Kinder nochmals abklären. Bestehen Zweifel, so fehlen die Voraussetzungen für genussvolles Kämpfen.

Sobald die Stoppsignale eines der Kinder vom anderen nicht beachtet werden, der Kampf nicht abgeändert oder beendet wird, ist Ihr Dazwischengehen richtig und wichtig. Das Akzeptieren der Stoppsignale ist ausschlaggebend für den unproblematischen Ablauf einer spielerischen Aggression. Dieses Fair play lernt man offensichtlich am einfachsten als kleines Kind beim Balgen mit den Eltern. Am eigenen Leib wird dabei erfahren, dass schon erste Anzeichen von aufkommender Angst oder Unmut beachtet werden und auf das elterliche Verhalten Einfluss haben. Es gibt einzelne Kinder, die rote Ampeln in der Interaktion generell nicht beachten. Sie reagieren auf Stoppsignale nicht, da sie diese nicht wahrnehmen. Vielleicht hat niemand bislang auf ihre Stoppsignale reagiert. Oder die Kinder akzeptieren ein „Halt" nicht als für sie geltendes Limit, da ihnen der gewinnbringende Umgang mit Grenzen nicht vertraut ist. Es kann auch sein, dass ein Kind gerade auf diese Gelegenheit gewartet hat, um den Gegner in schlechterer Ausgangsposition echt zu besiegen. Dann ist ein sofortiger Abbruch des Kampfes und Offenlegen der Hintergründe angesagt.

Vorsicht und erhöhte Aufmerksamkeit sind auch geboten, sobald kein „entspanntes Feld" vorhanden ist: an Tagen mit „dicker Luft", wenn allen die zu großen Gruppen bewusst werden, der ungeheure Lärm auf die Nerven geht, und die Pro-Kopf-Aggressionsrate sowieso gerade ansteigt, ein Infekt sich ausbreitet und mehrere Kinder bereits „angeschlagen" sind. Oder vor einem spannenden Termin, wenn die aufregende Wartezeit mit spielerischer Aggression verkürzt werden soll. Das „entspannte Feld" kann auch zuerst durchaus vorhanden gewesen sein, dann aber verschwinden, da die höchst attraktive spielerische Aggression zu viele Kinder dazu animiert hat mitzumachen, und das anfängliche „Opfer" sich nun nicht mehr nur seinem auserwählten „Gegner" ausgesetzt sieht, sondern einer nicht mehr überschaubaren Zahl selbsternannter „Feinde".

Wichtige Erfahrungen im „So-tun-als-ob-Raum"

Spielerische Aggression bedeutet auch Psychohygiene. Bei der spielerischen Aggression wird gekämpft, manchmal wird sogar jemand erstochen oder erschossen. Ganz genau ausgedrückt, wird aber nur so getan, als ob gekämpft, erstochen oder erschossen würde. Das Zauberwort heißt „als-ob". Fachleute der menschlichen Psyche betonen, dass die Wahrnehmung der eigenen Aggressionen, der eigenen zerstörerischen Möglichkeiten – beides ist übrigens bei jedem Kind immer vorhanden – für eine normale Entwicklung hilfreich ist. Immer vorausgesetzt, dass die Aggressionen und destruktiven Potenziale im „Als-ob-Raum" verbleiben. Sie werden in Spielszenen durchspielt, in der Fantasie durchlebt, in Worte gefasst oder in selbst erfundene Geschichten eingebaut. Egal, wie Kinder damit verfahren: Die Gefühlsregungen werden zur Kenntnis genommen und dadurch bearbeitet. Und zwar so bearbeitet, dass sie weit weniger bedrohlich erlebt werden, weil es Worte dafür gibt. Im „Als-ob-Raum" kann man probedenken und probehandeln. Das sind ungefährliche Vorstufen des realen Tuns. Es geht um Ausprobieren, ohne mit den Konsequenzen konfrontiert zu werden, und handelt sich um einen gesunden Umgang mit der sich profilierenden Wahrnehmung des eigenen Innenlebens und seiner Turbulenzen. Durch fiktive Spielszenarien ergibt sich die Möglichkeit, an der Alltagswirklichkeit wie auch an emotional beanspruchenden Themen anderer Kinder teilzuhaben, sich Zusammenhänge verständlich zu machen, Erfahrungen auszutauschen und voneinander zu lernen.

> **Spielerische Aggression** bedeutet auch Psychohygiene.

4.5 Aggressionstraining im Voraus – noch ohne Wut

Wenn ein Kind sich nie traut – selbst wenn genügend Gründe vorhanden wären – einmal aggressiv aufzutreten, um seine Bedürfnisse und seine Interessen einzuklagen oder auf diesem Weg Angriffen Einhalt zu gebieten, bricht bei manchen irgendwann, wenn keiner damit rechnet und auch „eigentlich im Moment überhaupt kein Grund vorhanden war", die Aggression ungehemmt aus ihm heraus. Eine nicht mehr zu bremsende Durchbruchsreaktion, ein typischer Jähzornsausbruch sind die Folge. Hat sich das Kind dann wieder etwas beruhigt, ist es über seine blindwütige Raserei entsetzt. Diese Reaktion ist typisch für eine einengende Erziehung, die keinen Widerspruch und kein Aufbegehren duldet. Ärger oder Wut sind nicht erlaubt, jede situationsbedingte Aggression wird im Keim erstickt. Das Kind lernt bei diesem problematischen Erziehungsstil, dass Enttäuschung und Wut „böse" Gefühle sind, die nicht gezeigt und geäußert werden dürfen, weil sonst Strafe droht. Und nicht genug: Es lernt auch, dass dies Empfindungen sind, gegen die auch nichts unternommen werden darf, was Erleichterung, Entlastung, Befriedigung oder Genugtuung verschaffen könnte. Jedes Mal bleibt ein Gefühl von Ohnmacht zurück, das sich immer mehr verstärken wird: „Ich kann gar nichts beeinflussen, veranlassen oder verhindern. Ich bin völlig machtlos." In dieser Grundstimmung reicht ein winziger Tropfen Ärger, um das Fass zum Überlaufen zu bringen.

Wut tut gut, wenn man den Umgang mit ihr beherrscht

Wut, Ekel, Freude, Furcht, Überraschung und Trauer sind Grundemotionen, deren jeweils zugehörige Mimik in allen Kulturen einheitlich gesendet, verstanden und interpretiert wird. Das Angstgesicht und das Wutgesicht werden weltweit am schnellsten und treffsichersten erkannt.

> **Wut, Ekel, Freude, Furcht,** Überraschung und Trauer sind Grundemotionen, deren jeweils zugehörige Mimik in allen Kulturen einheitlich gesendet, verstanden und interpretiert wird.

Doch wer Ärger und Wut ungehemmt herauslässt, gilt als unbeherrscht und aggressiv und hat erhebliche Probleme mit seinem Image. Wer zu häufigen Wutanfällen neigt, gilt als cholerisch, wird höchstens gefürchtet, aber nicht ernst genommen. Er gilt als „uncool".

Auf der anderen Seite muss man aufbegehren, will man seinen anerkannten Platz in der Gruppe sichern. Wut ist ein verständliches, oft auch angemessenes Mittel, um einer Ungerechtigkeit, Schädigung oder

Benachteiligung zu entgehen. Sie mobilisiert die notwendigen Energien, um die wütend machende Situation zu verändern: Wir werden wacher und leistungsfähiger, um blitzschnell für Angriff oder Flucht bereit zu sein – je nach Einschätzung der Situation. Die ausgeschütteten Hormone sorgen für ein zuversichtliches Gefühl, das den Eindruck, die Situation unter Kontrolle zu haben, verstärkt und risikofreudig werden lässt. Können wir die Wut im Griff behalten, ist mit präziseren und klareren Urteilen zu rechnen, bei zu großer Wut dagegen verzerrt sich das Urteilsvermögen.

Große Wut und in Ruhe nachdenken – Zwei, die nicht zusammenpassen

Ein wütender, tobender Mensch ist unberechenbar. Er sagt und macht Dinge, die er in ruhigem Zustand nie sagen oder machen würde. Wenn er – im Akutfall – einmal kurz darüber nachdenken könnte, was denn da gerade abläuft, woran er maßgeblich beteiligt ist, und welche Konsequenzen sein Tun haben kann, würde er sicher in den meisten Fällen sofort stoppen und schleunigst einen anderen Kurs einschlagen. Erst im Nachhinein, wenn man sich wieder etwas beruhigt hat, aber auch alles schon zu spät ist, kommt man ins Grübeln: „Das war keine Absicht! Ich weiß überhaupt nicht, wie mir das passieren konnte!"

Bei übermächtiger Wut – nur noch die Demütigung, Verletzung und Enttäuschung vor Augen – kommt es aufgrund der außerordentlichen Erregung zu besinnungslosem Toben. „Kopflos", im wahrsten Sinne des Wortes, unbeherrscht und unkontrolliert durch die Vernunft wird reagiert. Gerade in solchen Situation, in denen ein klarer Kopf besonders nötig wäre, um auf einen rettenden Gedanken zu kommen, unterdrückt starke Wut jedes vernünftige Nachdenken.

Und wie kommt es zu dieser tückischen Denkhemmung? Die wutbedingte Erregung, die anfangs ja noch dauernd durch Wahrnehmungen, die den Zorn steigern, verstärkt wird („Manuel zieht immer noch an meinem Schiff." „Beim Kampf geht die Burg weiter kaputt." „Jetzt beißt Sandra auch noch."), ist so groß, dass sie zuerst ungebremst das Verhaltenskommando übernimmt. Und so wird weiter gewütet wie in einem Rausch. Natürlich sieht man bereits während des Kampfes, dass Manuel blutet, die geliebte Burg durch die wütenden Tritte der eigenen Füße zerbröselt und Sandra bereits heult – doch Denken ist jetzt zweitrangig. Der Zorn dominiert, bis er verraucht ist oder man ganz einfach zu schlapp zum Kämpfen wird. Erst jetzt wird nachgedacht. Wenn es auf eine rettende Idee ganz besonders ankäme, herrscht bei uns aus Angst oder Wut Denkpause!

Was kann man gegen diesen gefährlichen Verhaltensmechanismus machen? Zuerst ein Blick auf die Erwachsenen: Bei Kenntnis der eigenen Neigung zu Panikreaktion oder Jähzorn, muss man aufmerksam werden für spezielle Situationen und hellhörig für die typischen inneren Signale, die das Herannahen einer entsprechenden Stimmung ankündigen. Dann kann es gelingen mit Hilfe einstudierter, andressierter Handlungen die Notbremse zu ziehen, bevor eine Sicherung durchbrennt. Die Übungen hierzu müssen natürlich in aller Ruhe und Aufmerksamkeit stattfinden, wenn keine Wut vorhanden ist. Durch bewusstes Entspannen, Sich-Ablenken oder einfach durch Sich-Entfernen ist es möglich, sich vor dem selbstentmündigenden Durchbruch der Extremreaktion zu bewahren. So wird mit Eltern, die in Panik zur Kindesmisshandlung neigen, nach dem Motto „Greif zum Telefon, nicht zum Kind" trainiert, auf dem Höhepunkt ihrer Hilflosigkeit nicht auszurasten, sondern gerade jetzt Beruhigung, Entspannung und Anleitung für die nun anstehenden Erziehungsschritte bei kompetenten Helfern zu suchen.

Wenn Kinder toben, bleibt einem nichts anderes übrig, als zuerst einmal Verletzungen zu vermeiden und dann zu versuchen, allseits zu beruhigen. Jetzt greift nur ein Notfallprogramm (siehe Kap. 6.1). Zu einem anderen Zeitpunkt, nicht in der Akutsituation, kann man Kindern die Gefährlichkeit und Unberechenbarkeit von Wut durchaus erklären. Dazu gehört aber auch die Tatsache, dass „eine Wut bekommen" zu unserem Leben gehört und wir alle lernen müssen, damit umzugehen:

▸▸   Wird Wut zur Kenntnis genommen, als solche akzeptiert und der sie verursachende Konflikt zu bearbeiten versucht?

▸▸   Wird Frustration erkannt, ihrer Ursache erforscht und eine Lösung der verhinderten Befriedigung angestrebt?

▸▸ Oder wird nur durch angedrohte Strafe oder Pauschalbelohnung
für den Moment ruhig gestellt?

So unterschiedlich die Reaktionen der Erwachsenen ausfallen können
– ob sie eine Hilfe darstellen oder eben nicht –, so unterschiedlich werden die Kinder auch ihre Wut das nächste und das übernächste Mal
präsentieren.

Heute steht Wut auf dem Programm

Um Aggressionsursachen erkennen zu lernen, Auslösesituationen besser verstehen und vielleicht sogar einige davon vermeiden zu können,
bedarf es nicht nur der ernsten Anlässe als Modell. Die sind gar nicht
immer geeignet, da wir in diesen Momenten befangen und oft nicht
gerade in Topform sind. Aber diese Situationen kann man auch spielen oder sich vorspielen lassen. Ob es nun Wut, Enttäuschung oder
Verzweiflung ist, die – geschickt angeregt – gespielt werden soll, für
all diese Rollen ist genügend kindliche Fantasie vorhanden, um sie mit
vehementem Leben anzufüllen. Entsinnen Sie sich noch an den „Als-
ob-Raum" und seine Bedeutung für die Psyche?

Einmal alle Wut herausbrüllen, seine Enttäuschung unzensiert zeigen und sich dem Kummer voll hingeben zu dürfen, wird für viele
Kinder ein herzerfrischender Spaß sein. Sie erleben sich laut, stark,
kummervoll und wild, aber nicht ohne Kontrolle. Das ist ein wichtiges
Erlebnis und wird auf das Selbstsicherheitskonto verbucht.

Für einige Kinder ist die Aufgabe „eine Wut bekommen" ein bislang
einmaliges Erlebnis, da es sich für sie um eine noch nie ungestraft
gemachte Erfahrung handelt. Das bedeutet ohne Zweifel anfangs Verunsicherung, doch mehrmalige Chancen hierzu lassen erkennen, dass
es Umgebungen gibt, in denen man seiner Wut nicht ausgeliefert ist,
sondern mit ihr fertig wird und sogar seine Meinung sagen darf. Und
jemand hört zu, nimmt einen ernst, akzeptiert die Gefühle und macht
Befriedigungen möglich. Und einige Befriedigungen lassen auch ab
und an eine Frustration aushalten. Diese Umgebungen wird man suchen. Man findet sie bald nicht nur im Kindergarten, sondern vielleicht
auch zwischen Freunden, im Sportverein und mit ganz viel Glück auch

in der Schule. Auf diesem Weg kann ein Gegengewicht zu den ersten negativen familiären Erfahrungen gebildet werden.

„Wann hast du einmal eine Mordswut gehabt? Und was hast du dann gemacht? Was haben die anderen gemacht? War das gut? Oder nicht so gut?" Das können die Startfragen für eine spannende Erzählrunde sein. „Aha", erkennen die Kinder, „auch andere, selbst große Leute bekommen eine Wut." Und was machen die dann? Völlig unterschiedliche Reaktionen gibt es. Und ganz unterschiedliche Konsequenzen. Manches würde man mit Sicherheit nicht mehr so machen. Manches hat ganz gut geklappt.

Fantasiereisen, Bilderbücher und Bildersequenzen sind geeignete Medien, um auf der vorgegebenen Erlebnisspur ins Thema einzusteigen. Wenn z. B. im Theaterstück oder in der Geschichte ein Kind von Szene zu Szene immer wütender wird und sich dabei selbst aus der Gruppe herauskatapultiert, erkennen Kinder die Eskalation besser als bei einem vom identischen Schicksal betroffenen Kind aus ihrer eigenen Gruppe. Und wenn ein Puppenkind auch noch ausdrücken kann, wie ihm zumute ist, fällt das Hineindenken und Mitfühlen leichter (z. B. das Kindergarten plus Programm von Lions International, www.kindergartenplus.de/das_programm.html). Es geht hier um eine Erfahrung, die in der Einrichtung, beim Sport und in der Familie möglichst viele Anstöße braucht, um im Echtfall wieder aktiviert zu werden.

Sprachkurse gegen Sprachlosigkeit müssen besucht werden, solange kein Kloß im Hals steckt. Hilfsmittel, um eine dicke Wut loszuwerden, müssen den Kindern lange bevor die Wut kommt, bekannt und vertraut sein. Denn ist die Wut erst einmal da, muss alles ganz schnell und automatisch gehen.

Gibt es Wutreaktionen, die für alle gut sind, also sozial verträgliche Formen des Abreagierens?

Einige Wutreaktionen tun einem selbst nur kurz gut, dann bedauert man sie, da sie für andere verletzend oder nur schwierig zu verkraften waren. Gibt es Wutreaktionen, die für alle gut sind, also sozial verträgliche Formen des Abreagierens, die ohne Wut zusammen weiterleben lassen?

Folgende Beispiele bieten sich an:

▸▸ Eine Wutkiste = Kiste mit Zeitungen, die bei einem Wutanfall zer-
knüllt werden dürfen

▸▸ Auf Riesenpapierbögen mit leuchtenden Farben wüten

▸▸ Brüllermännchen = eine Socke mit Gesicht, in die man mit der
Hand hineinschlüpfen und sie dann den ganzen Ärger erzählen
lassen kann

▸▸ Einmal den Gartenzaun entlang ums Grundstück rennen

▸▸ In der Wutecke auf alte Töpfe und Pfannen schlagen

▸▸ Die Wut im Klo runterspülen

▸▸ Ins Wutzelt krabbeln und sich auf die dicken Wutkissen werfen

▸▸ Eine Stimmungstafel neben sich stellen oder legen, auf der mit
knallroten Buchstaben „Wut" steht, ein roter und ein schwarzer
Blitz zu sehen sind, ein glitzernder Dolch oder …

▸▸ Wutfiguren miteinander kämpfen lassen

▸▸ Einen zähnefletschenden Hund ans Sweatshirt klammern, der
sagen soll: „Vorsicht, haltet Abstand, ich beiße gerade."

4.6 Aggression senkende Umgebungen

Wir kommen in den Bereich der sogenannten strukturellen Prävention. Das heißt: Unterschiedlichste Angebotsstrukturen, die auf unseren
Tagesablauf Einfluss nehmen, lassen auch unseren Aggressionshaus-
halt nicht unberührt. Die Umgebung – im weitesten Sinne – kann Ag-

gression senkend sein, oder eben nicht. Dass städtebauliche Maßnahmen einen derartigen Einfluss haben können, weiß man schon lange, ebenso ist bekannt, dass in Wohnvierteln unterschiedliche Faktoren ein freundschaftliches Nachbarschaftsgefühl aufkommen lassen, das für alle Anwohner zu einem sichernden Sozialnetz werden kann. Über Schulgebäude und Schulhöfe, die ein aktives aber friedliches Miteinander erlauben, wird viel geforscht. Diese Erkenntnisse gehen auch bereits in die Planungen von Kindertagesstätten ein. So konnte festgestellt werden, dass traditionelle Bau- und Puppenecken geschlechtstypisches Verhalten mit all seinen Konkurrenzsituationen unterstützen und wenig dazu beitragen, beiden Geschlechtern mehr Erfahrungsmöglichkeiten und vielfältigere Kinderkontakte zu verschaffen.

Im Sinne einer geschlechtsbewussten Pädagogik fordern folgende Raumstrukturen andere Seiten des Sozialverhaltens heraus:

▸▸   Großzügige Konstruktionsräume und Fantasiespielbereiche

▸▸   Bewusst spielzeugfrei gehaltene Zonen

▸▸   Bewegungs- und Toberäume

▸▸   Rückzugsgebiete zum Entspannen – und

▸▸   Geschützte Aktivitätsbereiche für konzentriertes Experimentieren.

Zu große Kindergruppen – womöglich noch fast den ganzen Tag in einem Gruppenraum zusammen – heben bereits nahezu automatisch den Aggressionspegel. Verhaltensbeobachtungen zur Aggressionsbereitschaft von Kindergartenkindern zeigten beispielsweise eine deutliche Abhängigkeit von der Anzahl anwesender Kinder. Je mehr Kinder im Raum waren, umso höher war die Wahrscheinlichkeit für aggressives Verhalten jedes einzelnen Kindes (Baur-Schmidberger

> **Zu große Kindergruppen**
> heben bereits nahezu automatisch den Aggressionspegel.

& Gärtner 1995). Gleichzeitig nahm das prosoziale, bandstiftende und Freundschaft verstärkende spielerische Kämpfen ab. Immer wieder im Tagesablauf die Möglichkeit zu haben, in wechselnden Kleingruppen unterschiedliche Angebotsformen mit verschiedenem Aktivitätsniveau zu wählen und sich dafür zu entscheiden zu dürfen, verringert die Konflikthäufigkeit.

Steigerung kindlicher Compliance

Die Umgebungsgestalterin par excellence ist die Erzieherin. Ihre pädagogische Kompetenz ist die wichtigste Aggressionsregulation in der Kindertagesstätte. Ihr Verhalten trägt zur Steigerung der kindlichen Compliance, der Kooperations- und Mitmachbereitschaft, die automatisch mit weniger Konflikten einhergeht, bei. Wir reden hier von Merkmalen der Prozessqualität, denn immer mehr Studien zeigen, dass eine positiv gestimmte, heitere, präsente, sensible und antwortbereite Erzieherin nicht nur großen Einfluss auf die kognitive und sprachliche Entwicklung eines Kindes hat, sondern auch auf seine Kontaktaufnahme und seinen Umgang mit anderen Kindern. Denn sie steht ja nicht nur mit ihm, sondern auch mit den anderen Kindern in positivem Kontakt, sodass das einzelne Kind „begleitet" zu ersten erfolgreichen Interaktionen kommen kann. Werden diese Peer-Interaktionen von der Erzieherin sowohl sprachlich als auch mit Ideen unterstützt, steigt die „Peer-Kompetenz" und aggressive Kontaktaufnahmen oder Kontaktabbrüche werden seltener.

Damit Erzieherinnen diese Erwartungen erfüllen können, darf der Qualitätsstandard bestimmter Kriterien nicht zur Diskussion stehen: der Personalschlüssel, die Gruppengröße, die Gruppenzusammensetzung, die Betreuungskonstanz und die Ausbildung der Erzieherin (Haug-Schnabel & Bensel 2006).

Geringe Kooperationsbereitschaft ist ein Zeichen einer unsicheren Bindung, doch ist dieses Phänomen auch bei vielen Betreuungswechseln am Tag, bei einem schlechten Übergabekonzept bei Schichtwechsel ohne anschließenden individualisierten Kontakt zwischen Erzieherin und Kind zu beobachten. Keine festen Tagesabläufe, ein unregelmäßiger Tagesrhythmus – sowohl zu Hause als auch in der Einrichtung – und vor allem keine vorhersagbaren und abschätzbaren

Aufenthalts- oder Abholzeiten sind als Faktoren für eine ungünstige Stressverarbeitung bei Kindern beschrieben (Ravens-Sieberer et al. 2007) und gehen mit verringerter Kooperationsbereitschaft einher.

Kinderwelten – Kindernischen

Es fehlt an entwicklungsfördernden Kinderwelten – zuviel lässt aggressiv werden:

> Kinder leben heute vielfach in meist lieblos gestalteten Nischen.
> Ihre Biotope sind öde und von Straßen zerschnitten.
> Sie spielen zwischen stehendem und rasendem Blech.
> Sie leiden an Bewegungsmangel.
> Sie leiden an einem Defizit an Umwelterfahrungen (mit der Folge von Koordinations- und Sinnesschwächen).
> Sie leiden an einem Mangel an sozialen Kontakten (durch Fernsehen und Computerspiele forciert).

„Ein afrikanisches Sprichwort lautet: ‚Zur Erziehung eines Kindes braucht es ein ganzes Dorf'. Wenn wir diese Lebensweisheit auf Deutschland übertragen…, merken wir, wie oft dieses Dorf fehlt, z. B. für das Einzelkind einer alkoholkranken Mutter in einer Miniwohnung im achten Stock ohne ausreichenden Kontakt im Haus, in der Nachbarschaft oder in der Verwandtschaft. Wir müssten daher für jedes Kind in Deutschland als Kompensation für die zunehmend vom Zerfall bedrohten sozialen und familiären Bindungen in unserer Gesellschaft ein neues Dorf schaffen. Zu einer solchen neuen solidarischen Beziehungskultur gehören viele Menschen: die Verwandten, die Nachbarn, aber auch die schon während der Schwangerschaft hellhörigen Frauenärzte und Hebammen, dann die Kinderärzte, Erzieherinnen, Lehrerinnen und Lehrer, Sozialarbeiter… Schließlich kinder- und familienfreundliche Architekten und Städteplaner, die Häuser und Stadtteile bauen, in denen die Menschen und die Generationen nicht voneinander abgeschottet leben müssen" (aus einem Vortrag von Peter Riedesser bei der Bürgerstiftung Hamburg am 29.9.2005).

Der Einflussfaktor Medien

Fragt man bei einer Veranstaltung ins Publikum hinein, woher viele Aggressionen von Kindern und Jugendlichen kommen könnten, so lauten die meisten Antworten: „Vom Fernsehen! Von Videos! Von Computerspielen!" Dass das nicht die ganze Erklärung sein kann, haben Sie schon in Kapitel 3.2 erfahren.

Der Medieneinfluss ist extrem schwer zu isolieren. Kaum ein Bereich der Gewaltursachenforschung kann auf eine größere Anzahl empirischer Studien zurückgreifen (inzwischen nach einer Recherche der Süddeutschen Zeitung weltweit über 5.000 Untersuchungen) als der über die Wirkung von Gewaltdarstellungen in Filmen oder Computerspielen. Doch trotz vieler Untersuchungen sind die Ergebnisse noch immer bruchstückhaft und legen widersprüchliche Interpretationen nahe. Die methodischen Erfassungsprobleme sind bislang nicht zufriedenstellend in den Griff zu bekommen.

„Computerspiele und Gewalt" war der Titel eines Kongresses Ende 2008 in München, bei dem sich Sozialwissenschaftler aus Deutschland und den USA trafen. Das wichtigste Ergebnis: „… Kinder, die Gewaltspiele nutzen, zeigen nach einiger Zeit signifikant mehr Neigung zu gewalttätigem Verhalten und schneiden in der Schule schlechter ab. Aber der Konsum von Ballerspielen allein macht niemanden zum Täter; er ist einer von vielen Einflussfaktoren – wenn auch ein wichtiger" (Martin-Jung 2008). Es gibt wenige gesicherte Erkenntnisse aus der Sozialforschung, die besagen, dass es einen ursächlichen Zusammenhang zwischen Medienkonsum und Gewalt gibt (Medienwirkung). Aber auch die Hypothese der Medienselektion erklärt nicht alles. Sie geht davon aus, dass junge Menschen, die ohnehin eine Veranlagung zu Aggressivität haben und bereits gefährdet sind, eben auch eher Gewalt verherrlichende Medien nutzen, wobei bei ihnen besonders starke Effekte hervorgerufen werden. Die brutalen Szenen verfestigen und verstärken nur eine bereits vorhandene Gewaltorientierung. Denn Gewalthandlungen gehen immer Gewaltakzeptanz und Gewaltbereitschaft voraus.

Eines scheint festzustehen: Bei Kindern, die solche Spiele spielen, findet sich durchschnittlich eine höhere Neigung zu aggressivem Verhalten als bei anderen. Und sie empfinden auch weniger Mitleid für andere. Wer häufig Gewaltspiele spielt, erlebt seine Familie nicht als sicheres Nest, sieht die Welt als Feind an; er streitet mehr mit Lehrern, prügelt sich häufiger und hat schlechtere Noten. Doch sind Gewaltspiele nur einer von möglicherweise hundert oder mehr Einflussfaktoren.

> **Wer häufig Gewaltspiele spielt, erlebt seine Familie nicht als sicheres Nest, sieht die Welt als Feind an.**

Es werden viele Thesen diskutiert, eine scheint speziell für die Arbeit im Kindergarten interessant zu sein: Filme mit gewalttätigen Inhalten erhöhen das Erregungsniveau. Vermehrte aggressive Handlungen bei Kindern nach dem Medienkonsum werden darauf zurückgeführt. Stehen diese Kinder in einem Konflikt, reagieren sie aggressiv, weil sie – ohne nachzudenken – dem ersten Impuls folgen. Und das ist, gemäß dem letzten wahrgenommenen Konfliktlösungsmodell, ein aggressiver. Dieses Ergebnis hätte – träfe es zu – weitreichende Konsequenzen. Die Erfahrungen im Umgang mit Konflikten und Aggressionen, die gesehenen wie die erlebten, hätten einen starken Einfluss auf das eigene aggressive Verhalten. Für Gewaltvielseher wäre dann sehr häufig der zuletzt gespeicherte Input, der für eine Interaktion relevant war, ein gewalttätiger. Denken wir hier mal noch eine Stufe weiter: Gewaltvielseher kommen aus Familien, in denen es wenige positive Modelle zum Aggressionsumgang im Alltag gibt, sodass kaum Gegenerfahrungen zu den Filmmodellen möglich sein werden. Höchstens – und deshalb so wichtig – in Kindergarten und Schule.

Man spricht von Medienverwahrlosung, wenn der Medienkonsum solche Ausmaße angenommen hat, dass er das ganze Leben der Kinder und Jugendlichen kennzeichnet und durch ihn der Aufbau normaler sozialer Beziehungen und sozialer Kompetenzen verhindert wird. Auf die negative Bedeutung eines häufigen, unkontrollierten Fernsehkonsums hinzuweisen, erscheint ein äußerst wichtiger Aspekt der Elternarbeit zu sein. Doch hierbei „nur" die Gewaltinhalte im Auge zu haben, ist zu wenig. Mindestens ebenso wichtig sind die Fragen, warum ein Kind im Kindergartenalter so viel fernsieht oder am Computer sitzt und was ihm während der vor den Geräten verbrachten Zeit an aktiver und erlebter Familien- und Sozialisationserfahrung verloren geht. Um die dauernde mediale Gewaltkonfrontation zu bekämpfen, müssen Eltern ihren Kindern Grenzen setzen, sich über Inhalte der Filme und Spiele in Kenntnis setzen und eine klare Auswahl treffen. Sie dürfen auch nicht die Kinder mit einem eigenen Fernseher oder Computer im Kinderzimmer abstellen, sie müssen sich mehr engagieren.

... konkrete Antworten für die Praxis

- ● Aggressive Risikokinder brauchen eine individuelle Prävention, der eine frühzeitige Problemerkennung vorausgehen muss.
- ● Alle Kinder müssen in der Kindertagesstätte so begleitet werden, dass ein kompetenter Umgang mit Aggression und Konflikten gelernt wird. Dafür gibt es mehrere spezielle Gewaltpräventionsprogramme.
- ● Eine gesunde Empathieentwicklung und eine korrekte sozial-kognitive Informationsverarbeitung sozialer Hinweisreize ist die Grundvoraussetzung für Aggressionskompetenz; dies wird z. B. am gelungenen Einsatz der spielerischen Aggression spürbar.
- ● Wut tut gut, wenn man den Umgang mit ihr kennt. Wutbeherrschung lernt man am besten in „Trockenübungen" außerhalb echter Anlässe.
- ● Auch kulturelle und strukturelle Rahmenbedingungen bestimmen das Aggressionsniveau.

5 Angst und Aggression – eine unheilvolle Verbindung

Konkrete Fragen aus der Praxis ...

➲ Was passiert in Panik?

➲ Wie kann aus Angst Aggression werden und wie entstehen sogenannte Angstbeißer?

➲ Gibt es bereits im Kindergartenalter so etwas wie Mobbing?

➲ Werden wirklich immer mehr Kinder zu „kleinen Tyrannen"?

5.1 Angst in ausweglosen Situationen führt zu Aggression

Ein Beispiel aus der Tierwelt soll den Verhaltensablauf bei Aggression aus Angst in auswegslosen Situationen modellartig vor Augen führen: Vor einem „Raubtier" flüchtende Tiere gehen häufig zum Gegenangriff über, sobald zwischen Angreifer und Fliehendem eine bestimmte kritische Distanz unterschritten wird, der Angreifer also zu nahe kommt. Dies kann eintreten, wenn der Verfolger schneller und geschickter ist und daher den Verfolgten einholen kann oder dem Fliehenden der Weg versperrt bzw. die Flucht auf sonstige Weise unmöglich gemacht wird. Hier schlägt die Verhaltenstendenz zur Flucht, subjektiv als Angst empfunden, in Aggression um, sobald die Sinnesorgane melden „kritische Distanz unterschritten, Flucht unmöglich bzw. aussichtslos".

Ein Protokollauszug aus dem Kindergarten soll ein ähnliches Verhalten eines dreieinhalbjährigen Mädchens in einer derartigen Szene verdeutlichen: Anja versucht aus dem Bauwerk zweier sechsjähriger Jungen vorsichtig einen Eckstein für ihren Hausbau zu entwenden. Als einer der Jungen dies bemerkt, will sie mit vielen Entschuldigungen den Baustein zurückzugeben. Der Junge verweigert die Annahme, springt mit drohendem Blick auf und schreit: „Das machst du nicht noch einmal!" Anja wendet sich – immer noch den Stein in der Hand – ab und rennt weinend Richtung Tür, durch die die Erzieherin soeben verschwunden ist. Der Junge verfolgt das Mädchen, es rennt jammernd auf die Türe zu, die in diesem Moment geöffnet wird. Der Hausmeister kommt, einen Stuhlberg vor sich hertragend, herein und

> **Massive Aggression aus**
> Angst ist eine biologisch sinnvolle Notfallreaktion.

versperrt Anja den Ausgang. Sie dreht sich blitzschnell um, schaut mit Drohblick zu dem Jungen auf und schreit mit lauter fester Stimme „Du Zwerg, was willst du eigentlich!" und fuchtelt ihm mit dem Stein direkt vor dem Gesicht herum. Der Junge bleibt stehen, ist sichtlich verwirrt und geht zurück zur Bauecke.

Mit massiver Aggression aus Angst müssen wir immer rechnen. Sie ist eine für den einzelnen eventuell sein Schicksal entscheidende biologisch sinnvolle Notfallreaktion. Gleichzeitig aber kann eine in Angst geratene Menschenmenge panisch reagieren, sodass es zu einer nicht mehr zu kontrollierenden Katastrophe auf der Basis von Aggression aus Angst kommt.

5.2 Wie aus Angst, Kränkung, Beschämung und Demütigung Aggression wird

Neurowissenschaftler und Psychologen arbeiten seit Jahren zusammen über das folgenschwere Phänomen massiv erlittener Kränkungen, das zu schrecklichen Gewalttaten führen kann. Jemandem psychischen Schmerz zufügen, ist eine höchst sichere Methode, Aggression hervorzurufen. Das menschliche Gehirn reagiert auf Demütigung und soziale Ausgrenzung nahezu genauso wie auf körperlichen Schmerz und startet aggressive Verteidigung.

Dieser Zusammenhang wird in Studien zum Thema Gewalt bei Jugendlichen und unter Jugendlichen immer wieder deutlich: Selbst erlittene körperliche Gewalt, Schutzlosigkeit aufgrund fehlender Beziehungen und sozialer Demütigungen sind hierbei gewichtige Risikofaktoren (z. B. Lösel & Bliesener 2003; Krumm & Weiß 2000).

Viele Hinweise sprechen dafür, dass Bloßstellung, Missachtung oder Zurückweisung tiefe Gefühle der Scham erzeugen, die manche Menschen mit besonderer Persönlichkeitsstruktur so ängstigen und verletzen, dass sie diese „mit Gewalt" zu bekämpfen versuchen.

„Gewaltig beschämt"

Was ist typisch für zutiefst beschämte Menschen und ihre Reaktionen? Kinder, die Gleichaltrigen wie Erzieherinnen wegen ihrer Wut, fehlenden Impulskontrolle und Defiziten in der Emotionsregulation immer wieder negativ auffallen, werden in Konfliktsituationen, in denen Meinungsverschiedenheiten ausgehandelt oder Frustrationen bewältigt werden müssen, als besonders störend erlebt. Da sie auf keine positiven Interaktionsstrategien zurückgreifen können, gelingt es ihnen nicht, einen verlässlichen Kontakt zu anderen Kindern aufzubauen. Sie werden abgelehnt und diese Zurückweisung hat zur Folge, dass sie häufig ohne erkennbaren Anlass feindselig reagieren. Allein die kontinuierliche Betreuung und Begleitung durch eine kompetente und empathische Erzieherin in stabilen Gruppen kann zum Ziel führen und den Teufelskreis durchbrechen.

Der Psychosomatiker Bastian beschreibt, dass es sich bei Gewalttätern häufig um von allen verlassene schwer beschämte Menschen handelt, die zur aktiven Schambewältigung übergehen, da sie „ihr Gesicht verloren" haben. Scham aktiviert wie Angst die körpereigene Stressachse und das zentralnervöse Alarmsystem. Jede Reaktivierung von Schamsituationen bedeutet „Hochstress". Aufgrund einer Persönlichkeitsstörung kann eine aktive Gewaltanwendung zur „Stressabfuhr" nach Beschämung dienen. „Mag dies auch zunächst nur in der virtuellen Realität eines Computerspiels geschehen, so droht doch (oder gerade dann) die Gefahr eines Teufelskreises aus Stress, sozialer Vereinsamung und simulierter Gewalt – der eines Tages in reale Gewalt münden kann" (Bastian 2007).

5.3 Aggression als missglückte Bewältigungsstrategie

Aggression bei Trennungsschmerz und Verlustangst

Wenn Kinder mit ein, zwei, oder drei Jahren in einer Krippe oder Kindertagesstätte starten, stehen sie vor einer großen Entwicklungsherausforderung. Jede Eingewöhnung stresst ein Kind, aber der Stress kann bei einer guten Eingewöhnung mit Hilfe der Eltern (vertraute Bezugspersonen) und der Erzieherin (langsam vertraut werdende Bezugsperson) für das Kind kontrollierbar werden (Haug-Schnabel & Bensel 2006).

Es geht nicht darum, zur frühen Trennungsfähigkeit zu erziehen. Vielmehr bedeutet es, mit einer stabilen Mutter- und Vaterbindung zu starten und auf sie vertrauend einen neuen zusätzlichen Beziehungsaufbau zu erleben, der eine stundenweise Trennung von den Hauptbezugspersonen zulässt und zum Sozialisationsgewinn werden kann.

Entscheidend ist hierbei, ob

▸▸ die Bezugsperson das gestresste Kind bei seinen Regulationsfunktionen unterstützen und ihm die Chance geben kann, seine Bewältigungsstrategien einzusetzen

▸▸ das Kind seine Belastung als kontrollierbar oder unkontrollierbar bewertet

▸▸ das Kind die Anforderung als Herausforderung erleben kann und die Situation als bewältigbar verbucht.

„David ist anderthalb und kommt in der Krippe, die er seit sechs Wochen besucht, gut zurecht. Am Morgen verabschiedet ihn die Mutter mit einem Kuss und sagt ihm, wann sie ihn wieder abholt. David lässt die Mutter ohne Protest oder Abschiedsgeste gehen, er guckt sie auch nicht an. Als die Mutter, die in Eile ist, ihn verlässt, steht er für einen kurzen Moment mit hängenden Armen und gesenktem Blick im Raum. Dann besteigt er wendig das rote Bobbycar und beginnt, so schnell er kann, im Raum herumzudüsen. Er fährt scheinbar absichtslos einer Erzieherin über den Fuß, und als sie ‚Aua!' ruft, lacht David laut auf. ... Beim Hinsetzen im Singkreis boxt er ein kleines Mädchen an den Oberarm, das daraufhin weint. David guckt weg und tut so, als habe er damit nichts zu tun. Von der Erzieherin wird er ermahnt, David lacht und zappelt auf seinem Stuhl herum. David versucht seinen Trennungsschmerz motorisch und eher aggressiv zu bewältigen. Er scheint andere den Schmerz körperlich spüren lassen zu wollen, den er selbst seelisch empfindet aber noch nicht mit Worten ausdrücken kann. Sein Lachen und seine Aggression machen seine Trauer unkenntlich. Die aktive und aggressive Bewältigung des Abschiedsschmerzes ist ihm vorübergehend eine Hilfe, ersetzt aber nicht die Verarbeitung von Verlust- und Verlorenheitsgefühlen. Eltern und Betreuungspersonen müssen ihm dabei helfen, seinen Gefühlen die treffenden Worte zu geben, die das Kind selbst noch nicht zur Verfügung hat" (Scheerer 2008).

Aggression aus Angst verloren zu gehen

Den Namen Mario hört man nur als Aufschrei mit erschrecktem oder warnendem Unterton. Hört man irgendwo einen Knall, Aufheulen oder wütendes Geschrei, sucht jeder Blick Mario, weil man automatisch davon ausgeht, dass er die Ursache war oder sich in nächster Nähe zum „Tatort" befand. Nahezu tägliches Explodieren und aggressive Attacken können der lautstarke und vehemente Versuch sein, wenigstens auf diesem ungewöhnlichen Weg Aufmerksamkeit zu erregen oder „Zuwendung" zu erzwingen, wie diese dann auch immer ausfallen mag. Ohne Ausbrüche wird man ignoriert und vergessen.

Wir schulen Erzieherinnen darin, Kinder wie Mario ganz bewusst über den Tag hinweg zu begleiten und ganz unauffällige, normale, vielleicht sogar überraschend positive Verhaltensweisen oder Handlungen von ihnen zu kommentieren – und zwar so, dass z. B. Mario selbst, aber auch die Gruppe dies wahrnimmt. „Mario ist als erster mit Aufräumen fertig und kann mit der Auswahl der Wolle beginnen." „Schaut mal kurz her, Mario hat eine gute Idee, wir können die Papiere zum Trocknen an die Leine hängen." „Mario hat Finn schon den Anorak zugemacht. Wenn alle Großen einem Kleinen helfen, kommen wir schneller in den Schnee." Die Kinder horchen auf, schauen die Erzieherin an, schauen Mario an und sind anfangs sichtlich irritiert, da sie den Namen Mario in diesem neutralen bis positiven Tonfall noch nicht gehört hatten. Ihr Verhalten Mario gegenüber kann sich ändern und dadurch auch sein Verhalten in der Gruppe.

Erfährt unauffälliges und prosoziales Verhalten, das es auch bei schwierigen Kindern immer gibt, mehr Beachtung als Fehlverhalten, kann es durch positive Verstärkung zu einer zeitlichen Ausdehnung dieser „Ruhephasen" kommen, da das Kind die Botschaft vermittelt bekommt: „Aha, auch wenn ich nichts Lautes, Störendes, Zappeliges tue, bekomme ich Aufmerksamkeit geschenkt!" Das auffällige Verhalten als Notsignal für mehr Aufmerksamkeit wird zunehmend überflüssig.

5.4 Die „tobende Meute" – Gruppenaggression

Tausende Male konnte bei den verschiedensten Gelegenheiten der Menschheitsgeschichte beobachtet werden, dass der einzelne Mensch nicht nur aggressiv reagiert, wenn er selbst bedroht wird, sondern auch dann, wenn Mitglieder oder Vorstellungen seines Sozialverbandes angegriffen werden. Seit den Anfängen der Geschichtsschreibung bis zur aktuellen Zeitgeschichte zeigt es sich, dass Feindschaft zwischen Menschengruppen vor allem bei unterschiedlichem Aussehen oder verschiedener Gesinnung droht. Sofort entsteht eine hemmungslose Grausamkeit gegenüber dem Feind. In Windeseile verbreitete sich die aggressive Stimmung wie ein Virus von Mensch zu Mensch. Sind erst einmal Feindbilder geschaffen, geht es nicht mehr um die Sache, jetzt wird nur noch zwischen Freund und Feind getrennt. So schnell und unterschiedslos wie der „Andere" zum Feind wurde, so schnell kommt es zur schrankenlosen Solidarisierung mit den „Eigenen". Die Voraussetzungen hierfür sind: das Wissen um die Gruppenzugehörigkeit und das Bild von einem gemeinsamen Feind.

> **Feindschaft zwischen** Menschengruppen droht v.a. bei unterschiedlichem Aussehen oder verschiedener Gesinnung.

Die Gruppe wird zum Gegner

Die ersten Ansätze zu diesen gefährlichen aggressiven Massenreaktionen gibt es schon im Kindergarten. Und sie laufen bereits nach dem identischen Muster eines Angriffes nach außen gegen den „Gruppenfeind" und einer gleichzeitigen Solidarisierung nach innen mit gleich gesinnten Gruppenmitgliedern ab.

Stellen Sie sich folgende Situation vor: Eine Gruppe von Kindern will eine Gruppe anderer Kinder angreifen, weil diese „ihren" Sandkasten, „ihren" Bauteppich oder „ihr" Bocciaspiel für sich beanspruchen oder aus irgendeinem anderen Grund zu Feinden geworden waren. Jetzt wird es spannend. Betrachtet man nämlich den Wortführer der Angreifergruppe, das Kind, das ganz vorne steht, so stellt man fest, dass es seine eigenen Gruppenmitglieder die ganze Zeit über genau im Auge behält, auch wenn es immer wieder zu den „Feinden" Drohsignale senden muss. Um den Angriff durchzuführen, scheint es ihm ganz wichtig zu sein, dass seine Gruppenmitglieder genauso kampfbereit sind wie es selbst, also solidarisch mit ihm gegen den Feind losziehen werden. Das ist absolut verständlich, denn nach vorne imponieren und nach hinten keine Rückendeckung zu haben, wäre höchst unklug. Im Gegensatz dazu behält der Vordermann der angegriffenen Seite fast ausschließlich die Angreifer im Auge, kaum ein Blick geht zu den mitbedrohten eigenen Gruppenmitgliedern. Dieses Verhalten ist ebenso nachzuvollziehen, da in der Situation der Bedrohung die volle Konzentration auf den Gegner wichtiger ist als ein prüfender Blick darauf, wie es meinen Mitopfern geht.

Schon in dieser Altersgruppe, die noch über wenig Erfahrung mit Gruppenaggression verfügt, kennt man den Zusammenhang zwischen Aggression nach außen gegen den Gruppenfeind und gleichzeitiger Solidarisierung mit den eigenen Gruppenmitgliedern. Ein naturgegebenes Programm liegt abrufbereit vor. Doch das bedeutet nicht, dass wir verzweifeln müssen, nichts gegen massensuggestive Situationen machen können, sondern dass wir über diese Risiken Bescheid wissen müssen, um rechtzeitig und überzeugend pädagogisch tätig werden zu können.

Bereits beim Start massenaggressiver Situationen sind Interventionen nötig und möglich. Zuerst ein lautes und klares Stoppsignal: Halt! So nicht! Dann muss die Solidarität unter den Angreifern geschwächt werden. Mitläufer müssen auf ihre fatale Funktion hingewiesen werden. Sie sind Mitschwimmer in einem Strom, der immer breiter, reißender und unkontrollierbarer wird: „Oliver, was machst du da eigentlich? Wer hat dir was getan? Wem musst du helfen? Willst du wirklich Peter quälen und zum Weinen bringen?"

> **Bereits beim Start massenaggressiver Situationen sind Interventionen nötig und möglich.**

Ein oder besser noch zwei Kinder, die kurz innehalten, nachdenken, den geringfügigen Anlass erkennen, sich in die Rolle der Opfer versetzen, ihre eigene Rolle wahrnehmen, reichen aus, um die Front der

Angreifer abbröckeln zu lassen. Und die Angreifer ändern sofort ihr Vorhaben, sobald es ihnen an Solidarität der Anhänger mangelt. Diese Rückendeckung und den Applaus der Menge brauchen sie für diese speziellen aggressiven Akte dringend, denn sonst würden sie diese Solidarität nicht noch in der Akutsituation pausenlos überprüfen.

Eine vergleichbare Dynamik – genauso gefährlich – hat das Verhalten von Gruppenmitgliedern bei Strafmaßnahmen gegenüber einem Außenseiterkind: Bea, vier Jahre alt und mit wenig Anschluss in der Gruppe, hatte allein im Sand gespielt und dabei die Tiefgarage einer anderen Spielgruppe ausgegraben. Dann war sie mit den freigelegten Autos weggegangen. Nachdem die Garagenbauer den Zwischenfall bemerkt hatten, wurde Bea von ihnen beschimpft und angegriffen. Einer der Angreifer, Paul, näherte sein Gesicht bis auf wenige Zentimeter ihrem Gesicht und stieß Bea beim langsamen Vorwärtsgehen mit der Brust immer weiter weg. Er beschimpfte sie mit dem Wort „Spielkaputtmacher". Bea wurde in den nächsten 40 Minuten bis Kindergartenschluss in kein Spiel einbezogen und in dieser Zeit von fünf Kindern in identischer Weise beschimpft. Als sie das Zimmer verlassen wollte, stellte sich ihr ein am Konflikt nicht direkt beteiligter Junge in den Weg, berührte mit seiner Nase fast ihr Gesicht und trieb sie mit Oberkörperstößen rückwärts in den Garten zurück. Der Vorfall wurde von Kindern der betroffenen Spielgruppe mit deutlichen Zeichen der Anerkennung beobachtet und mit einer Spieleinladung an den „Täter" belohnt.

Doch die Sache war für Bea noch nicht ausgestanden: In den nächsten 14 Beobachtungsstunden wurde sie nie zum Mitspiel aufgefordert, 17 Mal im Vorbeigehen „Spielkaputtmacher" genannt und von sechs verschiedenen Kindern (Paul war nicht unter ihnen!) neun Mal mit Oberkörperstößen rückwärts durch den Raum getrieben, ohne dass ein Konflikt vorausgegangen war. Bei vier dieser neun körperlichen Angriffe gegen Bea waren die anderen Gruppenmitglieder bereits vorab durch Blicke, Lachen und Handzeichen auf das geplante Tun aufmerksam gemacht worden.

Die Stationen der aggressiven Eskalation:

➡ Bei den anfänglichen Vergeltungsmaßnahmen der Betroffenen gegen Bea war die Auslösesituation eindeutig zu isolieren gewesen.

➡ Bei den nachfolgenden Kopien der Erstattacke stand jedoch eindeutig die Anregung zur Aggression als Zeichen der Solidarisierung mit den übrigen Gruppenmitgliedern gegen die Außenseiterin im Vordergrund.

So weit hätte es gar nicht kommen dürfen. So lange hätte sich die Gruppenreaktion nicht ungestört aufbauen dürfen. Sofort, nachdem das Malheur mit der Tiefgarage geschehen war, hätte die Erzieherin die Kinder zusammenrufen und mit ihnen gemeinsam besprechen müssen, was passiert ist, und was nun am besten geschehen sollte. Auf jeden Fall hätten die Wut auf Bea, der Ärger und die Enttäuschung über die kaputte Garage ausgesprochen werden müssen. Die blöde Bea, die schöne Garage, die ganze Arbeit…

Und Bea hätte gehört werden müssen. Mit ihren Antworten hätte man sicher etwas anfangen können: zum Beispiel mit Beas Aussage, dass das Ganze rein aus Versehen passiert sei, sie gar nicht gewusst hätte, dass genau hier gebaut worden sei, dass sie sich sogar noch über die vielen Autos im Sand gewundert hätte… Und sogar über die mögliche Antwort, dass sie die Garage blöd gefunden hätte, weil sie nicht dabei mitbauen durfte, und deshalb alles umgegraben habe, hätte man reden können.

Als nächstes wären dann folgende Überlegungen angestanden: Wie könnte man so ein tolles Bauwerk gut sichtbar für alle im Sand sichern? Warum hat Bea eigentlich nicht mitbauen oder die Einfahrt glatt streichen dürfen?

Bei diesem Beispiel handelt es sich um einen Konflikt, den Kinder nicht selbst lösen können. Hier bietet sich kein Kompromiss an. Es geht nicht um einen Gegenstand, den man nicht hat, aber haben will, oder um eine Meinung, der unbedingt zugestimmt werden soll, oder um einen Ärger, den man einfach mal jemandem vor den Latz knallen musste. Hier geht es um etwas viel Komplizierteres: um das Beziehungsnetz innerhalb der Gruppe. Denn wenn die allseits beliebte Marlene aus Versehen die Garage ausgebuddelt hätte, wäre sie zwar angepflaumt, noch einige Male auf ihr Missgeschick vorwurfsvoll angesprochen worden, aber damit wäre die Sache dann auch erledigt gewesen. Vielleicht hätte Marlene noch die kleinen weißen Steinchen für die Einfahrt der neuen Garage suchen müssen. Doch es handelte sich hier nicht um Marlene sondern um Bea, die nie richtig mitspielt, manchmal so blöd macht und eigentlich niemandes Freundin ist. Dadurch bekam der Konflikt eine andere Tragweite. Und damit alleingelassen sind Kinder überfordert. Sie kommen in vorgegebene Verhaltensspuren, die automatisch zur Eskalation führen müssen. Ohne Mitleid treibt die Gruppe ein Kind in die Isolation und grenzt es immer weiter aus. Und alle machen mit, wenn auch mit unterschiedlichen Mitteln, so doch im selben Tenor: Wir gehören zusammen. Du gehörst nicht zu uns, also weg hier!

Bei Gruppenaggressionen gegen Außenseiter oder Gegnergruppen muss immer eingegriffen werden, bevor diese ihre gefährliche Eigendynamik entfalten können. Auch biologische Programme sind umprogrammierbar. Kinder können lernen, sich nicht vom Rausch der Gruppe mitreißen zu lassen und Einsatz für Außenseiter zu zeigen. Jedoch verlangt dieser Anspruch ein hohes pädagogisches Engagement: hinsehen, nicht wegschauen!

> **Bei Gruppenaggressionen** muss immer eingegriffen werden, bevor diese ihre gefährliche Eigendynamik entfalten können.

Wir reden hier über gruppenaggressives Verhalten. Dazu gehören auch das Piesacken, Hänseln, Drangsalieren und Quälen eines Kindes durch ein oder mehrere Gruppenmitglieder (Bullying oder Mobbing). Groß angelegte Schulstudien des Norwegers Dan Olweus (1995) brachten Klarheit in diese bis dahin noch wenig untersuchten Phänomene. Auch bei gruppenaggressiven Aktionen spielt Angst eine wichtige Rolle: Angst um meine Gruppe, den Gruppenzusammenhalt zu verlieren, in der richtigen Gruppe zu sein. Und dann geht es um die massiv angstgetönte Frage: Stehe ich eindeutig über rangniedrigen Gruppenmitgliedern, bin ich stärker integriert?

Bullying wiederholt oder über einen längeren Zeitraum hinweg systematisch eingesetztes aggressives und gewalttätiges Verhalten gegenüber einem Gruppenmitglied durch Einzelpersonen bei passiver Duldung durch andere Gruppenmitglieder. Bullying ist nicht das Ergebnis von Konkurrenz und Wetteifer zwischen Kindern. Es geht nicht um Auseinandersetzungen zur Neustrukturierung der Rangordnung, sondern um selbstbestätigende Aktionen gegenüber einem rangniederen, unterwürfigen Opfer, dem schützende Freundesbeziehungen fehlen.

Mobbing meint aggressiv-provokante Reaktion zumeist gegenüber einem isolierten Gruppenmitglied unter Ausnutzung des bestehenden Beziehungsnetzes. An Mobbingaktionen beteiligen sich viele Gruppenmitglieder, die Übereinstimmung ist hoch, und für das Opfer Partei zu ergreifen ist nicht ungefährlich.

Olweus konnte Wichtiges über Bullying und Mobbing klären: Größere Einrichtungen – seien es Kindergärten oder Schulen mit vielen Kindern und vielen Pädagogen – sind nur unwesentlich mehr von dieser Problematik betroffen. Es ist das Klima, an erster Stelle das Pädagogenverhalten, das Bullying gedeihen lässt. Die institutionellen Rahmenbedingungen wirken nicht automatisch in Richtung positiv oder negativ. Bullyopfer haben nicht immer– wie lange vermutet – einen äußerlichen Makel, aufgrund dessen sie gequält werden. Ein Risiko zum Opfer zu werden droht vielmehr, wenn Kinder extrem schwach und unterwürfig sind.

Wie kann wirkungsvoll gegen Formen der Gruppenaggression vorgegangen werden?

▸▸   Kein Ignorieren eines Zwischenfalls

▸▸   Hinsehen, wo es brennt

▸▸   Sofort zum Zwischenfall hingehen

▸▸ Präsenz zeigen

▸▸ Zum Ausdruck bringen, dass man die Angriffe gesehen hat und sie keinesfalls akzeptieren wird

▸▸ Klar und ohne Aufschub Einhalt gebieten

▸▸ Diskussionslose Beendigung der Angriffe

▸▸ Rückwege aus der Extremsituation in den normalen Umgang miteinander aufzeigen

▸▸ Konsequentes Durchsetzen der Regeln gegen Bullying – am wirkungsvollsten, wenn die Regeln von der Kindergruppe oder den Schülern selbst aufgestellt worden sind

▸▸ Konsequentes Einsetzen der Strafmaßnahmen für Bullytäter – am wirkungsvollsten, wenn die Bestrafungen von der Kindergruppe oder den Schülern selbst festgesetzt worden sind und kein Niedermachen des oder der Täter beinhalten

▸▸ Stärkung der Opfer – der wahrscheinlich schwierigste Part, da hierfür Erzieherinnen und Lehrerinnen speziell ausgebildet werden müssen (siehe Kap. 6.6).

Eine neue Strategie, **„No Blame Approach"** genannt, kommt aus Amerika und zeigt Wirkung: Auch wenn es den Opfern schwerfällt, kann es äußerst wirksam sein, die Täter oder den Täter nicht konkret zu benennen, wenn das Opferkind aus der Isolation befreit und wieder in die Klassengemeinschaft integriert werden soll. Eine Unterstützergruppe, in der auch Täter und Mittäter sind, verpflichtet sich, dem Opferkind zu helfen. Die Täter werden lahmgelegt, sie können nicht mehr angreifen, kommen aber auch nicht auf die „Anklagebank" und haben somit keinen Grund, sich an dem Opfer zu rächen.

5.5 Die Angst der Erwachsenen vor Aggressionen erschwert ein überlegtes Handeln

Faktische Gewalttaten nehmen ab, „gefühlte Gewalt" steigt wegen des Bedrohungsgefühls aufgrund der medialen Flut von Gewaltbildern an. Zu dieser allgemeinen Aggressionsangst kommt bei Pädagogen in Kindergärten und Schulen hinzu, dass sie immer sofort reagieren müssen, nicht lange Zeit zum Nachdenken haben – nach dem Motto: „Wisst ihr was, da reden wir morgen drüber, erinnert mich einfach daran und spielt jetzt schön zusammen weiter!" Diese pädagogische Strategie mag sonst in vielen Situationen erfolgreich sein, bei Aggressionen greift sie nie: Aggression verlangt Stellungnahme – und zwar sofort.

> **Faktische Gewalttaten nehmen ab, „gefühlte Gewalt" steigt aufgrund der medialen Flut von Gewaltbildern an.**

Der Druck, schnell handeln zu müssen, verleitet zu vorschnellen Äußerungen. Wenige Sekunden später weiß man, dass wieder einmal der Stress geführt hat. Eine Reaktion ist abgelaufen, die man in dieser Form gar nicht wollte, und – in Ruhe betrachtet – sogar richtig unklug war. Kurz, man bedauert sein Verhalten eigentlich sofort. Genau dieser zurückbleibende Nachgeschmack von Hilflosigkeit und Überforderung ist auch ein Grund, weshalb man Aggression fürchtet.

Aggression verlangt genaues Beobachten

Um einem Kind aggressives Verhalten zu attestieren, müssen Beobachtungen interpretiert werden. Die Übergänge zwischen der Wahrnehmung von Sachverhalten und ihrer Interpretation und Beurteilung sind fließend. Leu (2006) weist darauf hin, dass man bei der Beschreibung von Handlungen auf Begriffe angewiesen ist, die über das augenblicklich Beobachtete hinausgehen. So fließen immer auch Interpretationen in eine Darstellung ein. „Besonders deutlich wird das, wenn Eigenschaftswörter verwendet werden, das Verhalten eines Kindes z. B. als ‚aggressiv', ‚sozial', ‚eigensinnig' bezeichnet wird. … Das sind Beschreibungen, die mehr als nur das in der gegenwärtigen Situation beobachtbare Handeln abbilden." Eine beobachtete aggressive Szene lässt uns damit rechnen, schon bald wieder eine von demselben Kind zu sehen zu bekommen. Einige Male mit Aggressionen aufgefallen zu sein, lässt bei diesem Kind aggressives Verhalten in den unterschiedlichsten Situationen erwarten. Wollte man einen realistischen Überblick über das Verhaltensrepertoire des Kindes bekommen, müsste man es zu unterschiedlichen Zeiten bei verschiedenen Aktivitäten beobachten und am besten noch eine unvoreingenommene Kollegin parallel beobachten lassen (Bensel & Haug-Schnabel 2009).

Wenn die regelmäßige Beobachtung aller Kinder nicht zum festen pädagogischen Programm einer Einrichtung gehört, wird ein Kind mit großer Wahrscheinlichkeit in den Situationen, in denen es sozial kompetent, ruhig, ernst und gesammelt ist, nicht oder wenig beachtet. Der Grund – die innere Beauftragung für eine sporadische Beobachtung – wird dann nämlich meist die Tatsache sein, dass ein Kind sich schwierig verhalten hat, wobei ausschlaggebend für die Kategorisierung „schwierig" oft ein Einzelanlass war, der die Erzieherin in ihrer vorgefassten Meinung bestärkt hat: „Der Milan muss mal genauer beobachtet werden, er war heute wieder so aggressiv." Wenn dann noch völlig ungeeignete, undifferenzierte Beobachtungsbögen (Ankreuzen nach dem Motto „aggressiv – ja/nein", „unruhig – ja/nein") zum Einsatz kommen, sind die hierbei gewonnenen Ergebnisse wertlos: Die Erzieherin wird nicht „positiv verunsichert" und zur Differenzierung angeregt, es werden bevorzugt erwartete Schwierigkeiten des Kindes gesammelt (Becker-Textor 1997).

Warum wir „Tyrannen" fürchten

Warum neigen Eltern dazu, aus Angst vor deutlich ausgelebter Aggression diesem Verhalten ihrer Kinder „ein für alle Mal einen Riegel vorzuschieben"? Weil sie glauben, Aggressionsausbrüche, Provozieren oder aggressive Verweigerung würden ihnen (und allen anderen) vor Augen führen, dass sie in der Erziehung versagt haben. Eltern befürchten, dass ihnen ihr Kind entgleitet, dass sie Konfliktsituationen mit ihm nicht mehr in den Griff bekommen. Die grenzenlose Verzweiflung ihres Kindes sehen sie nicht.

Immer mehr Veröffentlichungen suggerieren, dass wir in vielen heutigen Kindern „Tyrannen" vor uns haben. Doch Kinder sind keine Tyrannen, das ist auf jeden Fall das falsche Wort. Wenn sie in unseren Augen „tyrannisch auftreten", sind sie bemitleidenswert hilflose Suchende und von Erwachsenen dazu gemacht. Schuld ist nicht die Tatsache, dass viele Eltern heute mehr partnerschaftlich als autoritär erziehen, Großeltern ihre Enkelkinder einmal verwöhnen oder ein Kindergarten Kinder mitplanen und mitentscheiden lässt, was sie spielen und entdecken wollen. Der Grund liegt in der Tatsache, dass es Kindern bei der Alltagsbewältigung an Zugewandtheit und klaren Strukturen fehlt.

> **Kinder sind keine Tyrannen,** das ist auf jeden Fall das falsche Wort.

Kinder planen nicht, wie sie ihre Eltern dazu zwingen könnten, ihnen jeden Wunsch zu erfüllen und immer ihren Willen zu lassen. Sie kämen nie zur Ruhe und würden sich im durch Beliebigkeit grenzenlosen Freiraum verirren. Ein Kind muss mit allen Mitteln versuchen, Klarheit in Erlaubnis und Verbot und somit auch in die Beziehung zwischen sich und seinen Eltern oder Erzieherinnen bringen: Wann kann ich mit ihnen rechnen? Was darf ich? Was erwarten sie von mir? Was darf ich nie? Es geht um:

➠   Ein emotional warmes, offenes, aber auch strukturiertes und normorientiertes Erziehungsverhalten

➠   Soziale Modelle, die zum konstruktiven Bewältigen ermutigen und anregen

➠   Dosierte soziale Verantwortlichkeit und individuell angemessene Leistungsanforderungen.

Haben Sie sich schon einmal überlegt, auf welchem Weg ein Kind erfährt, was es darf und was es nicht darf? Wie lernt es zu unterscheiden, was immer möglich ist (sagen, wovor man Angst hat, was man möchte), was mitunter (Quatsch machen, Eis essen) und was mit Sicherheit nie in Ordnung ist (sich losreißen und über die Straße rennen, nach anderen treten)? Was muss ein Kind in Bewegung setzen, damit es mit seiner Umgebung die einschlägigen Erfahrungen sammeln kann, welche die Reaktionen der anderen vorhersehbar und dadurch auch die Auswirkungen für sich selbst berechenbar werden lassen?

Das Kind muss aktiv werden! Ohne penetrantes Nachfragen, unangenehmes Nachhaken, nervige Wiederholung und Variation von Probeläufen, erneutes Provozieren, massive Grenzverletzungen und anmaßende Versuche mit all ihren Konsequenzen bliebe einem Kind ein wertvoller Erfahrungsschatz unerreichbar und damit nicht nutzbar.

... konkrete Antworten für die Praxis

- ❯ Hinter aggressiven Handlungen von Kindern kann Angst bei Ausweglosigkeit, Beschämung, Verlustangst oder verzweifelte Aufmerksamkeitssuche stecken.
- ❯ Aggressive Massenreaktionen gibt es bereits im Kindergarten genauso wie das Piesacken einzelner Kinder durch einen einzelnen (Bullying) oder durch mehrere Aggressoren (Mobbing).
- ❯ Auch Kinder, die zu aggressiven Handlungen neigen, müssen die Chance bekommen, durch genaue Beobachtung anders gesehen zu werden.
- ❯ Kinder sind keine Tyrannen. „Tyrannisch" anmutendes Verhalten hat seinen Ursprung im Fehlverhalten der Erwachsenen und unzureichender Entwicklungsbegleitung.

6 Aggression passiert – wie reagieren?

Konkrete Fragen aus der Praxis...

➲ Wie reagieren, wenn ein Konflikt oder gar Kampf zwischen Kindern beobachtet wird?

➲ Wie wichtig sind für Kinder Regeln und Konsequenzen auf ihr Fehlverhalten?

➲ Wie kann ein Streit am effektivsten beendet werden?

➲ Kann man einem Streitverlauf nachspüren?

➲ Um wen mehr kümmern: um das Opfer oder um den Täter?

6.1 Das Notfallprogramm

Es ist passiert! Es kommt zum Kampf: Sie schlagen, beißen, kratzen ...
Was ist, wenn Kinder toben und wüten? Wie kann man ihnen – wenn es bereits brennt – helfen, möglichst schadensfrei zu ihrer eigenen Kontrolle zurückzufinden und danach über sich und das Geschehene nachzudenken?

Hier gibt es eine 3-Stufen-Regel:

▸▸   Den Kampf stoppen!

▸▸   Die Kinder trennen!

▸▸   Ansprechen! Und zwar zuerst die Kinder (mit Namen!) und dann ihre Wut, ihre Angst oder Enttäuschung.

Das bedeutet: hingehen zum Kampf, die Kampfhandlungen beenden, sich zwischen die Kinder stellen, mit den Betroffenen bestimmt aber ruhig sprechen und sie berühren oder halten. Das Ansprechen mit Namen signalisiert, dass man auch genau diese Kinder meint und nur sie anspricht. Die bestimmte, möglichst ruhige, eindeutige Sprechweise zeigt, dass der Erwachsene die Sache im Griff hat, einen Ausweg kennt – im Gegensatz zu den aufgewühlten, kopflosen Kindern, die am Ende ihrer Möglichkeiten angekommen sind. Die Berührung lässt die beruhigende und starke Anwesenheit eines erwachsenen Menschen, der Halt gibt, direkt fühlen. Jetzt ist es günstig, die Kampfhähne aus der unmittelbaren Nähe der anderen Kinder zu entfernen. Das ist wichtig, denn zu wenig Abstand zum hochinteressierten Publikum hält die Wut am Brennen.

Die pädagogische Akutversorgung ist nun abgelaufen und hiermit endet die Regelhaftigkeit des Notfallvorgehens. Jetzt muss es höchst individuell weitergehen:

▸▸   Manche Kinder brauchen nun Halt – und zwar in Form von Halt anbieten, also körperlicher Nähe.

▸▸ Manche Kinder ertragen in dieser Situation keine Berührung; dies wäre viel zu nahe, zu bedrohlich, zu beengend und könnte neue Aggressionen heraufbeschwören. Nähe und Ansprechbarkeit müssen hier durch Worte und Blicke signalisiert werden.

▸▸ Manche Kinder müssen zuerst noch ein Weilchen für sich allein sein, unter Aufsicht oder in einem vertrauten Raum toben, damit andere Gefühle überhaupt eine Chance haben, wieder die Oberhand zu gewinnen.

Wenn die Erzieherin angegriffen wird

Falls der Angriff eines Kindes gegen eine Erzieherin geht, nach ihr gespuckt, geschlagen oder getreten wird, entsteht eine besonders heikle Situation, da nun „die Betroffene" – scheinbar – unberührt souverän agieren muss. Sämtliche Alarmlampen in der Gruppe gehen an und alle Aktivitäten stoppen. Kleinstkinder können irritiert zu weinen beginnen, Mädchen und Jungen im Kindergartenalter sind zumindest entsetzt. Um all diese Kinder muss sich nun die zweite Erzieherin kümmern. Jetzt ist pädagogische Kompetenz gefragt – und zwar auf den Punkt –, denn die Erstreaktion entscheidet: Jetzt keine beleidigte Reaktion zeigen (die eigene Betroffenheit kann später angesprochen werden). Es geht darum, laut, deutlich und überzeugend Einhalt zu gebieten und möglichst schnell wieder klare Verhältnisse zu schaffen. „Das geht nicht!" müssen alle Handlungsweisen der angegriffenen Erzieherin signalisieren, denn am meisten müssen das ausgerastete Kind und die irritierte Gruppe ihre „starke Hand" spüren – im positiven Sinne.

Im Zweiergespräch wird mit dem Kind geklärt: „Was war so schlimm?" Und: „Was konntest du nicht sagen?" „Was haben wir nicht verstanden?" könnten die Fragen lauten, die die Erzieherin an das Kind richtet, das in Verzweiflung die Kontrolle über sich verloren hat. Dieses Gespräch findet aber erst etwas später statt, wenn physiologisch wie psychologisch wieder Ruhe eingekehrt ist. Die brandmarkende Frage, die wir aber alle im Ohr haben – „Warum hast du das getan?" –, muss ungefragt bleiben. Wenn diese wirklich beantwortbar wäre, dann wäre es zu dem ganzen Vorfall nicht gekommen.

Die herzhafte Auseinandersetzung

Nicht immer wird getobt, manchmal gibt es auch Krach – noch ohne Fäuste. Damit sind herzhafte Auseinandersetzungen gemeint, die genau im Auge behalten werden müssen.

Wichtige Leitfragen für die beobachtende Erzieherin sind:

▶▶   Wer ist in den Konflikt verwickelt?

▶▶   Welches Temperament und Selbstwertgefühl, welche Kraft und welche Geschicklichkeit treffen aufeinander?

▶▶   Geht es fair zu?

▶▶   Welchen familiären Hintergrund haben die Kinder? Sind es Familien, in denen es Konflikte geben darf und alle sich bemühen, sie zu lösen, oder sind Konflikte der Schwachpunkt der Familie?

Je nachdem, wie diese Fragen beantwortet werden müssen, fällt die Reaktion der Erzieherin unterschiedlich aus. Aufmerksamkeit ist auf jeden Fall angesagt, doch stimmt die „Verarbeitungsfähigkeit" der Kinder einigermaßen überein, muss nicht sofort eingeschritten werden. Viele Kräche sind nach wenigen Sekunden vorbei. Sie werden von den Kindern tatsächlich selbst geregelt.

Eine Sache für Konfliktprofis

Kleinere Auseinandersetzungen, Streitereien, in die niemand eingreift oder denkt, eingreifen zu müssen, und bei denen auch von den Betroffenen keine Hilfe angefordert wird, klären sich von selbst – recht schnell und auch ohne bitteren Nachgeschmack. Das sind übrigens die meisten! Es gibt nämlich schon im Kindergartenalter Konfliktprofis, die klar zum Ausdruck bringen: „Ich fang' keinen Krach an, aber ich verteidige mich." Sie signalisie-

> **Kleinere Auseinander-**
> setzungen klären sich von selbst recht schnell und auch ohne bitteren Nachgeschmack.

ren aufmerksame Präsenz und die Botschaft: „Denk' dran, mit mir hast du es nicht einfach."

Für diese Kinder gilt die „tit for tat"-Strategie, die man mit „Wie du mir, so ich dir" übersetzen könnte. Eine ganz spannende Geschichte, da feste Grundsätze – fast schon Spielregeln – dazugehören:

▸ Eine recht hohe Bereitschaft, bei einem Angriff – egal, wie er aussieht – sofort zurückzuschlagen, mit Händen oder mit Worten

▸ Eine geringe Neigung, Aggressionen zu beginnen – und – ganz wichtig:

▸ Eine hohe Bereitschaft, schnell auf Nicht-Aggression, ja sogar auf Kooperation – also gemeinsames Weiterspiel – umzuschalten, falls der Gegner dies ebenfalls tut oder eindeutige Zeichen in Richtung Versöhnung gibt.

Diese dreiteilige Strategie kann sich fast immer durchsetzen, weil auf Angriff sofort mit Verteidigung geantwortet wird, auf Kooperation aber ebenso unverzüglich mit Kooperation. Insgesamt handelt es sich dabei um ein recht soziales Programm, um Probleme zu lösen ohne die Gemeinschaft nachhaltig zu stören. Es ist eine Strategie, die Kinder im Laufe der Kindergartenzeit, parallel zu ihrer steigenden Sozialkompetenz und vor allem ihrer sozial-kognitiven Informationsverarbeitung, immer mehr ausbauen (siehe Kap. 4.3).

Sind die in einen Streit verwickelten Kinder jedoch in ihren Vorerfahrungen zu unterschiedlich, so brauchen sie Hilfe. Die Frage „Braucht ihr Zwei Hilfe, oder kommt ihr allein zurecht?" ist die erste Stufe der Interventionsmöglichkeit. Sie ist ein Signal, das auf die vorhandene soziale Kontrolle aufmerksam macht und an die Bedeutung von Regeln erinnert. Oder, wenn eine Eskalation zu befürchten ist, der Versuch, die Angelegenheit von der körperlichen auf die verbale Ebene hinüberzubegleiten: „Moritz, was willst du dem Kai denn mit deinen Fäusten und Füßen sagen. Das versteht er doch nicht. Sag es ihm doch mit Worten! Ich bleibe bei euch!" Oder noch ein Beispiel: „Ich sehe, du kochst vor Wut. Sag ihm doch, was du nicht willst! Ich pass' auf, dass er dir zuhört."

Hier wird die Wut des Kindes aufgegriffen, die Berechtigung für sein Einschreiten anerkannt, nur die Wahl der Mittel wird in Frage gestellt. Das Kind wird ermutigt, sein Anliegen mit sozial verträglicheren Mitteln weiterzuverfolgen und spürt die so wichtige Rückendeckung. Dadurch kann es sich eher kontrollieren. Die Botschaft im Hintergrund lautet: Dein Aufbegehren ist angebracht. Wehre dich, doch Schlagen und Treten sind nicht die Lösung.

Bis jetzt ging es in diesem Kapitel um laute, heftige Auseinandersetzungen. Es gibt aber auch nahezu unsichtbare, nur spürbare Konflikte, die leise vor sich hin lodern, ohne Aufsehen zu erregen. Sollten wir sie nicht auch zur Sprache bringen und zu lösen versuchen? Denn hier fehlt es den Betroffenen offensichtlich an Worten und Ausdrucksmöglichkeiten. Man kann leicht wegschauen, nichts zwingt zum Handeln. Ist das richtig?

6.2 Wir brauchen eindeutige Regeln

Die wichtigste Regel ist: Fehlverhalten hat Konsequenzen (siehe Kap. 6.3). Jedes Kind erwartet, dass der Erwachsene der Stärkere ist – auch wenn dies auf den ersten Blick nicht immer so aussieht. Nur ein starker Erwachsener kann vor der Karriere eines *Quängelheini* oder einer *Jammerliese* retten. Der Start für diese Karrieren sind ganz normale Verhaltensweisen, die alle Kinder hin und wieder benutzen, wenn sie ihren Willen durchsetzen wollen: Jammern, Quängeln und Schreien. Die meisten Erwachsenen unterbinden oder ignorieren das Quängeln oder lenken das Kind ab, sodass der Einsatz dieser speziellen Verhaltensweisen nicht erfolgreich ist. Sie verschwinden wieder.

> **Die wichtigste Regel ist:**
> Fehlverhalten hat Konsequenzen.

Ganz anders sieht die Situation aus, wenn die Erwachsenen mitunter zwar auch signalisieren, dass sie Jammern, Quängeln und Schreien für keine gute Art halten, auf seine Wünsche aufmerksam zu machen, meistens jedoch nach einiger quälender Jammerzeit entnervt nachgeben und mit dem Satz „Mach doch, was du willst!" die Erziehungszügel aus der Hand geben. Das Kind lernt: Ich muss einfach lange genug quängeln, um mein Ziel zu erreichen. Und schon wird die Verhaltensweise als lohnend eingestuft und in der Zukunft immer dann auftreten, wenn ein Wunsch gegen Widerstände durchgesetzt werden soll.

Will man an diesem auffälligen Verhalten etwas ändern, muss genau an dieser Stelle angesetzt und umgelernt werden. Auf Jammerei darf nie mehr der erhoffte Effekt folgen. Die wenigen Male, in denen das Kind deutlich andere, nämlich angemessene Strategien zur Kontaktaufnahme und Wunschäußerung anwendet, müssen bemerkt und bereits im Ansatz unterstützt werden und sollten – soweit möglich – erfolgreich sein. Wichtig sind auch Erklärungen, warum so nicht und wie besser agiert werden kann.

Wenn niemand den Jammerweg bremst, wird eine inadäquate und nirgends gut ankommende Verhaltensweise immer wieder belohnt und deshalb in der Zukunft immer dann wieder eingesetzt, wenn sich das Kind etwas wünscht. Doch wie fühlt sich ein Kind, das minutenlang, vielleicht stundenlang jammert und quängelt? Höchst unwohl, denn es hat die Rolle der Nervensäge übernommen, die nirgends positiv gesehen wird. Überall provoziert es ablehnende Reaktionen. Es geht ihm schlecht. Während der „Wunscherarbeitungszeit" kann es nicht spielen, nicht unbefangen Kontakte aufnehmen. Danach meist auch nicht, da es den negativen Nachgeschmack dieser letztlich misslungenen Interaktion kaum loswird. Doch genau diese unbeliebte Rolle muss es durchspielen, bis endlich jemand in seinem Sinne reagiert. Das Kind bleibt in seinem alten Problemlösemuster stecken. Nur wenn die Strategie unwirksam wird und das Kind bei der Suche nach einer Alternative Hilfe bekommt, kann der alte Weg verlassen werden.

Also: Keine endlosen Diskussionen, die die Hoffnung auf „doch noch irgendwann Erfolg" schüren. Nach kurzem Überlegen gilt ein eindeutiges Ja oder ein klares Nein.

Was gibt dem Kind Sicherheit? Dazu gehört, dass

▶▶ es Regeln gibt, die immer gelten – egal, welcher Tag heute ist.

▶▶ die Reaktionen der Erwachsenen auf sein Tun vorhersehbar sind, das Kind also sein Verhalten danach ausrichten kann

▸▸ das Kind keine Angst vor unklaren Situationen haben muss, da ihm immer einige Orientierungspunkte bekannt sind und der Erfolg versprechende Umgang damit vertraut ist

▸▸ das Kind zu Hause oder in der Einrichtung eine Groborientierung hat und nicht immer darauf hoffen muss, dass ihm für jede Situation zuerst neuordnende Strukturen vorgeben werden müssen.

Immer erweist es sich, dass mit den Kindern gemeinsam erarbeitete Regeln besser eingehalten werden. Dasselbe gilt auch für gemeinsam geplante Sanktionen (siehe Kap. 6.3).

Erziehungssituationen, die alle überfordern, fehlt es an Struktur
Bei Verhaltensbeobachtung sogenannter auffälliger Kinder, die häufig Schwierigkeiten mit dem Einhalten von Regeln haben, achten wir besonders auf die Momente und Situationen, in denen diese Kinder nicht auffällig sind, sich genau an Regeln halten und sogar sozial attraktives Verhalten zeigen.

So unterschiedlich die Beobachtungssituationen sind, lassen sich dennoch typische Gemeinsamkeiten herausarbeiten. Es sind Situationen, in denen

▸▸ die Aktivität der Kinder nicht nur erlaubt, sondern sogar gefördert wird

▸▸ das Kind ins Spiel gefunden hat und von den Mitspielern akzeptiert wird

▸▸ das Kind mit einem, maximal zwei Kindern einen Auftrag erledigt oder eine Arbeit beginnt

▸▸ das Kind mit der Erzieherin allein spielt, arbeitet oder etwas vorbereitet

▸▸ das Kind von einem anderen angesprochen und um Rat oder Mithilfe gebeten wird.

Es sind Situationen, in denen dieses Kind sich wichtig genommen und zugehörig fühlt und man ihm etwas Neues zutraut. Situationen, in denen es den Eindruck hat: Sie (die Erzieherin) hat mich angesprochen, weil sie davon ausgeht, ich kann es, und außerdem wird die Aktion mit mir zusammen Spaß machen. Situationen, in denen ich „alles darf und beteiligt bin, wenn ich mich an die Regeln halte".

Der dänische Familientherapeut Jesper Juul drückt es so aus: „Es geht um die Freiheit, seine Bedürfnisse auszudrücken und die Chancen zu untersuchen, diese sich im Rahmen und in den Möglichkeiten einer Gemeinschaft zu erfüllen und notfalls die Gemeinschaft zu mobilisieren, den Rahmen zu verschieben" (Juul & Jensen 2004).

Wie könnte eine Lösung aussehen? Wir brauchen einen klar definierten Regelrahmen, weil es sonst zu viele Erziehungssituationen gibt, die alle überfordern. Wir brauchen aber auch einen immer wieder zur Vergrößerung anstehenden Handlungsspielraum, vorausgesetzt, die Regeln werden nicht aus den Augen verloren. Wir müssen begreifen: Wenn der *Orientierungsrahmen* verunsichernd groß ist, gibt es zu wenige eindeutige Vorgaben und somit zu wenig Struktur und Verbindlichkeit; bleibt der *Handlungsrahmen* dagegen einengend klein und darf nicht mitwachsen, gibt es zu wenige Möglichkeiten, eigenaktiv Erfahrungen zu sammeln und Entdeckungen zu machen.

> **Wir brauchen einen klar** definierten Regelrahmen, weil es sonst zu viele Erziehungssituationen gibt, die alle überfordern.

6.3 Fehlverhalten muss Konsequenzen haben

Wir wissen, was uns „droht", wenn …

Sanktionen sind Konsequenzen auf Fehlverhalten. Sie können nur in Ruhe und gemeinsam vorbereitet werden. Sanktionen kommen unwillkürlich zum Einsatz, wenn Aggressionen unakzeptabel ausgelebt werden, sodass Verletzung, Beleidigung, Demütigung oder Ausgrenzung die Folgen sind. Was wollen wir in unserer Gruppe nicht haben? Was soll niemandem von uns passieren? Was ist bei uns ein Fehlverhalten, das Folgen hat? Die einheitliche Meinung der Kinder über nötige Grenzen sowie die realistischen, durchaus umsetzbaren Vorschläge zur Bestrafung werden Sie überraschen – falls Sie diese Erfahrungen nicht bereits gemacht haben.

Es geht um klare Regeln, was passieren muss, wenn es zu nicht akzeptiertem aggressivem Verhalten kommt, die jede Gruppe braucht – also um Verträge, ohne die kein genussvolles Zusammenleben möglich ist. Damit sind direkte, logische Konsequenzen gemeint, die automatisch, also voraussagbar eintreffen werden, wenn ein bestimmtes Fehlverhalten vorausgegangen ist. Dass sie bereits vorhanden sind, erleichtert jedem Kind die Orientierung in der Gruppe und nimmt jeder Erzieherin die in der Akutsituation oft überfordernde Entscheidung, was nun mit dem Missetäter geschehen soll, ab.

Ganz wichtig: Alle müssen im Voraus wissen, welche Handlungen als unakzeptabel gelten und welche Konsequenzen sie haben. Es ist also bekannt, was passieren wird, wenn man die Regeln verletzt. Dass man z. B. eine Auszeit bekommt, wenn man wiederholt das gemeinsame Spiel – trotz Warnung – gestört hat, also unweigerlich aus der Spielgruppe entfernt wird, für einige Minuten nicht mehr teilnehmen, höchstens noch zusehen darf. Ist diese Konsequenz klar, reicht häufig ein drohender Blick oder ein eindeutiges Warnsignal.

Stehen die Regeln erst einmal, dann ist es wichtig,

▸▸ dass alle diskussionslos bei Fehlverhalten einschreiten – und

▸▸ alle konsequent die Strafmaßnahmen durchführen.

Schnell begreifen auch die Kleinen in der Kindertagesstätte, welche Bedeutung Regeln haben. Besonders spannend sind in diesem Zusammenhang erste bewusste Regelverstöße, um seine Gruppenzugehörigkeit zu überprüfen: Wenn die Regeln für alle gelten, dann auch für mich. Wenn ich dazugehöre, werden sie auch von mir erwartet. Was liegt hier näher als zu prüfen, ob man auf einen Regelverstoß hingewiesen wird, also dazugehört?

Der gerade zweijährige Jakob steht vom Frühstückstisch auf, schaut zur Erzieherin, läuft zwei Plätze weiter um den Tisch und klaut ein Brezelstück von Tobias Teller, der sich gerade am Nebentisch ein Glas holt. Die Erzieherin sagt: „Jakob, lass die Brezel liegen, die gehört Tobias. Wir nehmen niemandem ungefragt etwas weg!" Jakob legt die Brezel zurück, lächelt die Erzieherin an, nickt, geht zu seinem Platz und schaut überglücklich strahlend alle Kinder der Reihe nach an. Nora sagt lächelnd: „Unser Jakob!"

6.4 Welche Konsequenzen sind hilfreich?
Das heikle Thema Strafe

Bestrafung hat viele Motive: Fehlverhalten hemmen, unerwünschtes Verhalten ändern, Gerechtigkeit ausüben, Autorität zeigen, Kontrolle ausüben, Werte vermitteln und Moral fördern, um die wichtigsten zu nennen. Muss Strafe sein? Ihre Folgen sind nicht immer absehbar. Wenn Strafe als Stopp des Fehlverhaltens, Beziehungsbestätigung und Erarbeitung einer Alternativlösung angesehen wird, dann ja – sonst nicht. Denn:

➡️ Ohne Strafe hätte Fehlverhalten keine Konsequenz, es gäbe also keinen Grund, sich richtig zu verhalten

➡️ Ohne Strafen gäbe es keine Klarheit verschaffenden und daher wohltuenden Grenzziehungen

➡️ Wer nicht bereit ist, Fehlverhalten zu stoppen, verweigert das für jede Gemeinschaft wichtige Sicherheitsgefühl

➡️ Strafe ermöglicht Wiedergutmachung

➡️ Bei Fehlverhalten automatisch drohende Konsequenz führt vor Augen, dass es eine soziale Kontrolle gibt, die jedem zugute kommt.

Aber Strafe ist in Bezug auf eine Verhaltensänderung nicht allein wichtig. Für Kazdin (2008) stehen die spezielle Aufmerksamkeit und Belohnung für erwünschtes Verhalten weit mehr im Vordergrund. Hier sind sich alle Spezialisten einig: Es darf nie eine bestrafende Verweigerung der Versöhnung nach einem Konflikt geben. Psychologen haben erarbeitet, wie echte Strafen aussehen können:

▸▸ Zusätzliche Aufgaben

▸▸ Der Verlust von Privilegien

▸▸ Aktivitätsauszeiten

▸▸ Aber nie ärgerliches „Fertigmachen" oder Demütigen und Beschämen des Kindes

▸▸ Und nie körperliche Strafen, denn das sind aggressive Reaktionen auf eine Aggression.

Es ist klar, was nicht sein darf. In Kapitel 5.2 ging es darum, wie schnell aus Angst, Kränkung, Beschämung und Demütigung erneut aggressives Fehlverhalten entstehen kann. Am Beispiel notorischen Lügens wird dieser gefährliche Zusammenhang nochmals aus einem anderen Blickwinkel offensichtlich. Dieses häufige fast gewohnheitsmäßige Lügen kann tatsächlich der Start in die Dissozialität sein. Wie beginnt es?

Erst etwa ab dem Alter von vier Jahren kann ein Kind bewusst lügen. Denn die wichtigste Voraussetzung hierfür ist die Fähigkeit, sich in einen anderen Menschen hineinzuversetzen. Erst wenn man verstanden hat, dass ein anderer Mensch etwas anderes bzw. weniger über eine Sache wissen kann als man selbst, kann man ihn auch bewusst hinters Licht führen, also lügen.

Wann werden Lügen nötig? Wenn ein Kind leidvoll feststellen musste, dass es nicht sagen darf, was in ihm vorgeht, was ihm passiert ist, was es braucht und was es vermisst – alles Dinge, die jedes Kind jederzeit ohne Angst vor Repressionen äußern können sollte. Wir reden nicht davon, dass die überreiche Fantasie vieler Kinder sie mitunter dazu bringt, es mit der Wahrheit nicht so genau zu nehmen. Gemeint ist hier die Notstrategie „Lügen", um überhaupt wahrgenommen zu werden, weil der Wunsch nach Anerkennung viel zu selten erfüllt wird, oder aus Angst vor Strafe oder als Resultat von Überforderung…

Wann werden Lügen nötig?
Wenn ein Kind leidvoll feststellen musste, dass es nicht sagen darf, was in ihm vorgeht, was es braucht.

Es ist sinnlos, ein Kind zu strafen, weil es gelogen hat. Wer nur aus Angst vor Strafe nicht lügt, der wird mit Sicherheit wieder lügen, sobald er sich vor Entdeckung sicher glaubt. Er wird raffinierter lügen, wird aber dadurch keineswegs ehrlicher werden. Besonders verheerend sind die Folgen, wenn dem lügenden Kind eine Falle gestellt, es vor anderen bloßgestellt wird. Hier nützt es nur, im Schutz des Zweiergesprächs die Lüge auffliegen zu lassen und darunter versteckte Schwächen anzugehen. Zum Beispiel kann man zusammen Schritt für Schritt überlegen, wie die Lügen unnötig werden und wie die durch Unwahrheit entstandene Situation vom Kind, unterstützt durch den Erwachsenen, wieder in Ordnung gebracht werden kann. Natürlich wird dabei auch thematisiert, wie entsprechende Situationen in Zukunft ganz anders gestartet und deshalb „ehrlich" besser gemeistert werden können.

Eine Ohrfeige hat schon immer jedem geschadet

„Wenn ich noch einmal sehe, dass du ein anderes Kind schlägst, bekommst du eine geknallt!" Oder nach einem Missgeschick: „Hör' auf mit Weinen, sonst bekommst du eine drauf, damit du weißt, warum du heulst." Diese „Witzklassiker" sind noch immer in verschiedenen Varianten auf Spielplätzen zu hören und zu erleben.

„Eine Ohrfeige hat noch niemandem geschadet!", meinen immer noch zu viele Eltern und halten diese Art körperlicher Züchtigung für ein legitimes Erziehungsmittel. Dass es ihnen geschadet hat, zeigt allein die Tatsache, dass sich die Bereitschaft zum Zuschlagen dank ihnen wieder eine Generation weiter fortpflanzt.

„Kinder sind unschlagbar" ist das Motto einer im Jahr 2000 gestarteten bundesweiten Aufklärungs- und Informationskampagne der Bundesregierung. Damit soll für das Gesetz zur Ächtung der Gewalt in der Erziehung öffentlichkeitswirksam sensibilisiert werden. Die Bundesländer sind aufgefordert worden, gezielt Kinder und Jugendliche über ihr Grundrecht auf eine gewaltfreie Erziehung zu informieren und ihnen wie auch ihren Eltern ausreichende Beratung anzubieten. „Kinder sind unschlagbar! Keine Gewalt in der Erziehung" ist auch der Titel eines Filmes von Heike Mundzeck (Deutsche Liga für das Kind 2001). Jedes Kind hat das Recht, Unversehrtheit zu erleben, um vom Wert der eigenen Persönlichkeit überzeugt zu sein.

Was empfindet ein Kind bei einer Ohrfeige? Sicher zuletzt, dass es etwas anders hätte machen sollen. Das geohrfeigte Kind lernt, dass der Erwachsene seine Macht aufgrund größerer körperlicher Stärke ausübt; es lernt, dass sich der Stärkere immer durchsetzt, auch wenn es gleichzeitig mit Worten beigebracht bekommt, dass nicht immer das Recht des Stärkeren zu obsiegen hat. Das Kind wird von den eigenen Eltern in eine Situation der Hilflosigkeit gestoßen, gleichzeitig schämt es sich seiner zur Schau gestellten Schwäche. Und mit der Zeit wird das geschlagene Kind lernen, Gewalt zu akzeptieren. Vom Lerneffekt her ist es egal, ob es sich um eine leichte oder um eine schallende Ohrfeige handelt, eine Misshandlung ist beides. Das Kind leidet unter dem Schmerz und unter der Tatsache, dass seine Eltern ihm wehtun wollen. Das macht Angst. Je kleiner ein Kind ist, desto eher wird es versuchen, die Eltern wieder mit ihm zu versöhnen, es hält die fundamentale Verunsicherung nicht aus, seine Abhängigkeit ist einfach zu groß. Mit zunehmendem Alter wird der Hass auf schlagende Eltern größer. Das immer mehr verspürte Recht auf Rache schürt neue Aggression.

Eine Ohrfeige, ein Schlag auf den Po, das ist die Wahl zwischen Pest und Cholera, beides sind Übergriffe. Die Ohrfeige erfolgt von Angesicht zu Angesicht, in vollem Blickkontakt als „ein Schlag ins Gesicht". Schläge auf den Po greifen in die Intimsphäre ein, schon im Vorfeld erlebt das Kind eine erniedrigende Behandlung: Es wird geschnappt, herumgedreht, übers Knie gelegt.

Schläge sind Erregungstaten, was sie aber nicht entschuldigt. Wenn jemandem „die Hand ausgerutscht ist", muss er dem Kind seine eigene Betroffenheit vermitteln und sich entschuldigen. Um wieder miteinander ins Gespräch zu kommen, müssen die Erwachsenen es schaffen, die eigene Schwäche zuzugeben und zu ihrem Fehler zu stehen. Warum passiert vielen Erwachsenen diese Schwächereaktion? Weil sie es ebenso erfahren und nun kein anderes Modell, keine Alternativen vor Augen haben, als in überfordernden Situationen „kopflos" zu werden und um sich zu schlagen.

Letztlich verliert nicht nur das Kind, das geschlagen wird. Auch die Erwachsenen nehmen Schaden: Sie führen vor, dass sie unter Stress ausgesprochen schwach sind. Mal genügen einzelne Vorfälle, mal zieht sich die Verliererspur durch die gesamte Erziehungszeit – auf jeden Fall verlieren diese Eltern den Respekt ihrer Kinder.

Wie stoppen, wie Verhalten ändern?

Jeder, der mit Kindern lebt und umgeht, ist schon mal an seine Grenzen gestoßen. Meist entwickelt sich so eine Grenzerfahrung als Kettenreaktion: Man hat schon mehrmals etwas gesagt, aber keine Reaktion ist erfolgt, weil das Gesagte nicht eindeutig, nicht stoppend genug war. Die Situation schaukelt sich hoch, das Kind macht einfach provozierend weiter, die Eltern werden immer wütender – und dann knallt es.

Die beste Lösung ist, einem Kind genau und als Ich-Botschaft das gewünschte Verhalten zu beschreiben, vielleicht sogar mit einer gewissen Entscheidungsfreiheit, bevor es zu einem Fehlverhalten kommt. Ein Beispiel: „André, ich möchte, dass du die Werkbank noch frei räumst. Du kannst vorher noch kurz frühstücken und es dann vor dem Sportangebot erledigen, oder du machst es gleich und frühstückst dann in Ruhe. Was ist dir lieber?" Wählen und selbst eine Entscheidung treffen zu können, steigert die Kooperationsbereitschaft eines Kindes – nach dem Motto: Es muss in meiner Entscheidungsfreiheit liegen, mich sozialkompetent zu verhalten.

Die zweitbeste Lösung ist, ein bereits gestartetes Fehlverhalten, bevor es nervt, möglichst schnell und eindeutig zu beenden. Das bedeutet klare Worte, was man vom Kind will und was man ganz gewiss nicht möchte. Die Aussage ist nicht mit einer Drohung verbunden, sondern mit den bereits bekannten unmittelbaren Konsequenzen gekoppelt, die bei nicht erfolgter Verhaltensänderung in einem vertretbaren Maß automatisch folgen werden – zum Beispiel:

➡ Zusätzliche Aufgaben, als wiedergutmachender Beitrag zur Stabilisierung des angeschlagenen Sozialgefüges

➡ Der Verlust von als Anerkennung empfundenen Privilegien, bis wieder anerkennungswürdiges Verhalten gezeigt und bestärkt wird

➡ Kurze Aktivitätsauszeiten, um den Fehlverhaltensstrom zu unterbrechen.

Kurzfristig von der Aktivität und der Interaktion mit anderen ausgeschlossen zu werden (Auszeit oder Time-out genannt) ist eine gewaltfreie Sanktion, die auf ein Fehlverhalten folgen kann. Hier geht es um eine kurze Zeitspanne, im Kindergartenalter um 1 bis 3 Minuten, bei Sechsjährigen um maximal 5 Minuten, in denen das Kind aus dem Sozialverband genommen wird und separiert auf einem Stuhl oder in einem anderen Raum auf besondere Aufmerksamkeit verzichten muss. Wichtig ist, dass die Aktivität, in der es zum Fehlverhalten kam, für das Kind durch das Time-out unterbrochen wird – um eine erste „Abkühlung" zu erreichen. Was für wenige Minuten gestoppt wird, sind die Aktivität und zugewandte Aufmerksamkeit, aber nicht die Beziehung. So kann der protestlose Gang zum Time-out-Platz bereits gelobt werden. Die Weigerung kann in aller Ruhe mit einer Minute Verlängerung angesagt werden. Aber kein Argumentieren, nochmals Erklären, Schimpfen oder Feilschen, weil sonst dem Negativverhalten zu viel Beachtung geschenkt wird.

Eine besondere Auszeit-Beschreibung aus dem Familienalltag:
Max auf der Palme

„Nein", brüllt Max. „Neiiiiin!" Dann holt er ganz tief Luft, damit er weiter brüllen kann. „Mensch Meier! Nein! Das will ich nicht!"

„Hab ich ja gehört!", sagt Mensch Meier. Mensch Meier ist die Mutter von Max Meier. Sie ist ziemlich cool. Und trotzdem streiten die beiden sich ungefähr jeden fünften Tag ganz fürchterlich. „Warum bist du eigentlich immer gleich auf der Palme?", fragt sie.

„Bin ich nicht!", brüllt Max. „Neiiin!" Ist er aber. Ganz oben. Und das Blatt wankt bedenklich. „Du Blöde!", schreit er. „Du Superbeknackte! Du... du..." (die Mutter verlässt den Raum)

„... du rollender Pups auf der Gardinenstange!" Erschrocken hält Max einen Moment die Luft an. Mensch Meier ist weg. Stattdessen bewegt sich etwas auf der Gardinenstange.

Max hat noch nie einen Pups gesehen. Jetzt sieht er einen. Der rollt wie blöde hin und her auf der Gardinenstange, genau vor Max' Augen. Denn Max sitzt immer noch ganz oben auf der schwankenden Palme. Und ihr braucht nicht zu denken, dass das ein gemütliches Plätzchen wäre!

„Du Bescheuerte!", brüllt er, „du ... du ..."

„Du ... du Suppenhuhn!" Dreimal dürft ihr raten, was da jetzt um die Palme herumrennt.

Vor Schreck rutscht Max ein ganz winziges Stück an der Palme herunter. Und dann lacht er ein kleines gemeines, unsicheres Lachen. „Du Napfsülze."

Siehe da.

Max rutscht ein großes Stück die Palme runter. „Ich wollte bloß mal sehen, wie eine Napfsülze aussieht", sagt er. „Das hat Luise neulich zu mir gesagt." Die Napfsülze wackelt. „Mensch Meier", sagt Max.

„Wackel doch nicht so!" (die Mutter kommt zurück)

„Ich wackele doch gar nicht!", sagt Mensch Meier.

„Komm mit in die Küche!", sagt sie. „Ich koch uns einen Kakao."

(Buhrfeind 2000)

Das wichtige Nein

In Auseinandersetzungen, bei Stress und gegenseitigen Anforderungen zeigt sich Erziehungsqualität. Kinder fordern durch ihr Verhalten den Erziehungsrahmen ein, der ihnen Entwicklungsfortschritte möglich macht. Wichtig ist hier: ein Nein, bei dem das Kind weiterhin wertgeschätzt bleibt, ihm seine momentane Handlung jedoch – ohne Liebesentzug – untersagt wird. Nur das Setzen konsequenter, aber auch einsichtiger Grenzen schafft die so wichtigen klärenden Verhältnisse, in denen ein Kind handlungs- und dadurch entscheidungsfähig wird.

> **In Auseinandersetzungen, bei Stress und gegenseitigen Anforderungen zeigt sich Erziehungsqualität.**

Das Trotzalter ist die populäre Bezeichnung für die Zeit, in der Kinder versuchen, durch ständige Provokationen ihre Aktionsgrenzen innerhalb der Familie abzustecken. Wie weit kann ich gehen, bis einer „Schluss" sagt oder auf eine andere Weise „Schluss" signalisiert. Schon vorher aufzuhören, wäre unsinnig, weil man sich Verhaltensfreiräume verschenken würde. Die Grenzsignale zu ignorieren, also zu spät aufzuhören, wäre aber auch nicht gut, weil dann anschließend kein wohlgesinnter Spiel- oder Interaktionspartner mehr für Gemeinsames zur Verfügung stehen wird. Das sind wichtige Erfahrungen, die ein soziales Miteinander von Menschen mit ganz verschiedenen Bedürfnissen möglich machen.

Wenn man bei der aggressiven sozialen Exploration weiterdenkt, so wäre es aus Kindersicht auch unsinnig, schon vor einem klaren Nein die begonnene und sich erfolgreich anbahnende Aktion zu beenden, weil es sein könnte, dass man Siege und eine Vergrößerung des Handlungsspielraums verschenken würde. Die Stoppsignale jedoch zu ignorieren, also zu spät aufzuhören, wäre aber genauso fehl am Platz, weil ein interaktiver Scherbenhaufen zurückbliebe und mit wirklich einschneidenden Folgen zu rechnen wäre.

Das Nein ist als hochpotentes „Medikament" zu verstehen und auch so einzusetzen. Zu herb eingesetzt, irritiert es, macht Angst und schafft eine Distanz zwischen Kind und Bezugsperson, ohne von der mit „nein" beantworteten Handlung Abstand zu nehmen. Zu lasch dahingesagtes Nein, ohne mittransportierte Gefühle und begleitende Mimik bewirkt nichts, da es locker überhört werden kann. Ein zu häufiges Nein, ein nahezu inflationärer Umgang damit, entwertet es. Das Kind reagiert nicht mehr darauf, da es zwangsläufig das Nein als zum Agieren gehörenden Laut seitens der Bezugsperson deutet. Das Kind – übrigens schon Einjährige – wird jede Gelegenheit nutzen, das Nein zu ignorieren oder sich darüber hinwegzusetzen. Nein sollte den Situationen vorbehalten bleiben, in denen es unvermeidbar ist, bei Gefahr oder nicht zu duldenden Übergriffen. Sparsam eingesetzte Verbote sind wirkungsvoller.

In Studienergebnissen hat sich herausgestellt, dass Eltern, die wenig verbieten, folgsamere Kinder haben. Woran liegt das? Eltern, die das Explorieren ihrer Kinder nicht als lästig, sondern als wichtig zur eigenständigen Erkundung der Welt und als altersgemäßes Bedürfnis verstehen, werden ihnen eine kindgerechtere Umgebung bieten, in der nicht dauernd aus Angst vor „Kaputtgehen" von wertvollen Dingen gebremst werden muss. Positives Verhalten wird bewusst benannt und gelobt und schnell vom Kind mehr gezeigt. Die positive Bestärkung ist eine höchst effiziente Möglichkeit, Verhalten gezielt zu verändern, ohne das Negativverhalten ansprechen oder bestrafen zu müssen (Kazdin 2008). Der Handlungsspielraum des Kindes ist im Blick der Eltern und bleibt altersgemäß groß, nur wenige eindeutige Regeln und die Beschränkung von Verboten auf das nötige Maß geben die wichtige Orientierung vor. Ist das der Fall, so reagieren schon zehn Monate alte Kinder auf Ge- oder Verbote. Sie willigen ein, sie müssen nicht folgen – ein interessanter Unterschied (persönliche Mitteilung von Karin Grossmann).

6.5 Der Sache auf den Grund gehen

Hinter aggressiven Handlungen verbirgt sich viel Unausgesprochenes. Natürlich gibt es die Aufschreie: „Der Benni hat mir mein Auto weggenommen!" „Lea hat mich gekratzt und an den Haaren gezogen!" Doch sie sind zum einen keineswegs regelmäßiger Bestandteil aggressiver Szenen, und zum anderen – was vielleicht noch viel wichtiger ist – finden sie zu einem Zeitpunkt statt, an dem der Höhepunkt der Auseinandersetzung bereits überschritten ist. Zu einem Zeitpunkt, an dem Opfer und Täter schon wieder von sich aus über die Angelegenheit schimpfen und sprechen können, sogar miteinander.

In dieser Situation sind von Seiten eines Schiedsrichters, Trösters oder Schlichters noch einzelne Nachfragen nach Details nötig. Darüber reden ist gut, sogar Fragen sind gut, wenn nicht die alles blockierende Frage kommt: „Warum hast du das gemacht?" So kommt man eher weiter: „Wie ging die Geschichte mit dem Auto los? Wer hat denn zuerst mit dem Auto gespielt?" „Was hat Lea so geärgert, dass sie dich an den Haaren gezogen hat? Hast du ihr vielleicht beim Wegziehen des Autos wehgetan?"

Doch der Ablauf einer Auseinandersetzung kann auch ein ganz anderer sein: Ein unschöner Kampf hat stattgefunden, nach den Beschimpfungen wird kein Wort mehr, nicht mal ein Blick zwischen den Kontrahenten gewechselt. Immer noch liegt Aggression in der Luft. Jetzt heißt es auf etwas Unausgesprochenes, vielleicht Unaussprechliches zu reagieren. Zuallererst muss die Ebene des Gesprächs wieder erreicht werden. Das Kind, das aus welchen Gründen auch immer angegriffen hat, muss nämlich für alle weiteren Klärungsschritte ansprechbar sein. Das ist gar nicht so einfach, denn im Moment ist nicht nur seine verbale Verständigung nach außen unterbrochen, auch sein innerer Dialog ist gestört. Das bedeutet, dass man auch sich selbst in großer Wut oft nicht sagt oder nicht sagen kann, was einen gerade jetzt so aggressiv gemacht hat. Im Kindergarten braucht das Kind hierzu die Hilfe der Erzieherinnen, zu Hause die der Eltern. Wenn dem Ausbruch die Spitze genommen ist, erste Anzeichen von Beruhigung zu sehen sind, sodass die Wut nicht mehr alles Handeln beherrscht, dann kann wieder kommuniziert werden.

Für Kinder im sprachfähigen Alter stehen Schlichtungsgespräche an. In dieser Situation können direkte Fragen – nicht inquisitorisch-anklagend, sondern mitfühlend-interessiert gestellt – den Kindern tatsächlich weiterhelfen. Und zwar dem Angreifer ebenso wie dem Angegriffenen. Oft ist es günstig, zuerst das Kind anzusprechen, dessen Angriff zum Höhepunkt der Auseinandersetzung geführt hat:

➠ Was ist schiefgelaufen?

➠ Was hat dich denn so ärgerlich, so wütend gemacht?

➠ Hat dir vielleicht etwas sehr wehgetan oder warst du wegen etwas arg enttäuscht?

Auf diese Fragen kann das aggressive Kind antworten, nicht immer und meist auch nicht sofort, aber mit Sicherheit immer häufiger, wenn es in vergleichbaren Situationen bereits mehrmals erfahren hat, dass es hier nicht um das Aufspüren und Bloßstellen des Schuldigen geht, sondern um die gemeinsame Lösung eines offensichtlich mehrere Personen betreffenden Problems.

Es gab also tatsächlich einen Grund, wütend, ärgerlich und enttäuscht zu sein, denn sonst würde ja nicht danach gefragt werden. Ob man deshalb gleich losschlagen, treten oder beißen musste, ist dann die zweite Frage, die im Anschluss daran geklärt werden wird. So wird dem Angreifer klar, dass er nicht einfach als „böses Kind" gesehen wird, das einmal wieder grundlos um sich geschlagen hat, sondern dass man sich bemüht, seinen durchaus zugestandenen massiven Problemen in dieser Situation auf die Spur zu kommen.

Diese Fragen gehen natürlich bereits zumindest indirekt auch an die Adresse des zuletzt angegriffenen Kindes, des Opfers. Denn dieses kommt beim Zuhören nicht umhin, darüber nachzudenken, ob und inwieweit auch sein Verhalten Aggression fördernd gewesen sein könnte. Spätestens die nächsten Fragen, nun auch an beide Kinder gerichtet, machen den Kontrahenten – und nicht nur ihnen, sondern auch den interessiert zuhörenden Gruppenmitgliedern – die beidseitige Beteiligung am Problem klar: „Wie hätte Nadine beim Bauen mitmachen können, ohne dass du diese Wut bekommen hättest?" „Was glaubst du, warum ist der Peter auf dich losgegangen?"

Hier wird nochmals betont: Es sollte dabei nicht um die Schuldfrage oder darum gehen, wer nun völlig unschuldig war, sondern um die Frage, wie eine derartige Situation entstehen konnte, in die beide Kinder hineingeraten sind, und wie man eine solche in Zukunft vermeiden kann.

Dass bestimmte Situationen die Aggressionsbereitschaft eines Kindes – übrigens auch genauso die eines Jugendlichen oder eines Erwachsenen – steigern, daran wird keine Erziehung etwas ändern können. Dass auf eine gesteigerte Aggressionsbereitschaft jedoch zwangsläufig, ja schicksalhaft eine aggressive Handlung – womöglich eine Tätlichkeit – folgen muss, trifft nicht zu. Wie man mit dieser gesteigerten Aggressionsbereitschaft umgeht, kann gelernt werden. Die Frage „Meinst du nicht auch, euer Problem hätte man auch anders, ohne Schlagen und Beißen, lösen können?" lässt über weniger heftige Reaktionen als günstige Auswege für ähnliche Situationen in der Zukunft nachdenken.

Für all diejenigen, für die das Ansprechen von Aggressionen ein wichtiges pädagogisches Hilfsmittel ist, noch ein kleiner Hinweis. Die in diesem Kapitel vorgeschlagenen Fragen beziehen sich ausschließlich auf die Bearbeitung einer soeben abgelaufenen aggressiven Szene – gedacht als „Manöverkritik". Aus diesem akuten Kontext herausgenommen und beim entspannten Gespräch zu einer anderen Zeit ganz allgemein angesprochen, können die folgenden Fragen sehr spannende Antworten und interessante Diskussionen – auch zwischen den Kindern – ergeben:

▸▸   Was macht dich eigentlich immer schrecklich wütend?

▸▸   Vor welchen Situationen hast du Angst, weil du genau weißt, dass die Wut ganz schnell kommen wird?

6.6 Das Täter-Kind – das Opfer-Kind

„Wer war denn jetzt eigentlich der Täter, und wer war das Opfer?" Diese Frage, deren Beantwortung den Kindern oft ungeheuer wichtig ist, um Klarheit über ein irritierendes Geschehen zu bekommen, ist bei vielen aggressiven Auseinandersetzungen auch nach gründlichen Recher-

Der Übergang zwischen Täter und Opfer kann fließend sein.

chen nicht eindeutig zu klären. Das Kind, das als erstes körperlich oder verbal aggressiv wurde, muss nicht der einzige Täter gewesen sein, noch nicht einmal der Starter der Auseinandersetzung und erst recht nicht der Verursacher des Konflikts. Der Übergang zwischen Täter und Opfer kann fließend sein. Hinzu kommt, dass in einer einzigen Auseinandersetzung Täter- und Opferrolle ständig wechseln können. Der „böse" Täter ist nicht immer eindeutig böse und das „arme" Opfer nicht immer nur arm dran.

Diese Problematik werden Sie in Ihrer eigenen Argumentation den Kindern gegenüber entdecken:

▸▸ „Lisa hat zwar angefangen zu stoßen und zu beißen, aber Jacqueline hat ihr auch genügend Grund gegeben, wütend auf sie zu sein!"

▸▸ „Dass du dich über den Tobias geärgert hast, ist ja verständlich, aber noch lange kein Anlass dafür, mit Steinen nach ihm zu werfen!"

▸▸ „Ich verstehe ja, dass du Caroline gegen Oliver helfen wolltest, ich verstehe aber nicht, warum du deshalb seine Papierpuppe zerschneiden musstest!"

Aggression birgt immer die Gefahr der Eskalation und damit auch eines immer diffuser werdenden Täter-Opfer-Feldes. Auf einen Angriff oder auf eine als Angriff empfundene Aktion folgt die Verteidigung, die das abrupte Ende der Auseinandersetzung in Form einer Klärung bedeuten kann. Aber mit ebenso hoher Wahrscheinlichkeit kann die Verteidigungsmaßnahme auch der Startschuss für einen erneuten Gegenschlag, jetzt mit erhöhter Aggressivität, sein. Und so kann es weiter und weitergehen.

Eine Eskalation kann aber auch dadurch zustande kommen, dass plötzlich weit mehr Kinder an der Auseinandersetzung beteiligt sind als am ursprünglichen Konflikt. Grund ist soziale Anregung durch aggressives Tun anderer, die bewirkt, in einen bereits stattfindenden Kampf mit einzustimmen. Wer gerade kämpft und um was es bei der Auseinandersetzung geht, scheint den „Trittbrettfahrern" vollkommen gleichgültig zu sein. Sie rennen hin, balgen und schimpfen ein Weilchen mit, weil es zumindest anfangs Spaß macht.

Auch die Seite der Opfer kann sich während des Konfliktverlaufes vergrößern. In jeden vierten Konflikt wird von Kinderseite her eingegriffen – sei es als Schlichtungsversuch oder als eindeutige Parteinahme für die eine oder andere Seite. Wird auf Seiten des „schwächeren" Kindes eingegriffen, geht es um dessen Verteidigung, wird auf Seiten des „stärkeren" Kindes eingegriffen eher um Rangordnung. Falls man sich gruppenintern nicht einig ist, wem geholfen werden sollte, werden plötzlich mehrere Täter mehreren Opfern gegenüberstehen.

Und wie sehen die Kinder die Sache mit Täter und Opfer? Grundsätzlich nur subjektiv! Ganz, ganz selten ist einmal ein Kind dabei, das schon im Kindergartenalter das Ganze sachlich durchschaut. Ohne Erklärungshilfe von Erwachsenen und Unterstützung beim Versuch, sich in die agierenden Kinder hineinzudenken, entscheiden Kindergartenkinder nach folgenden Kriterien:

Wer jemandem wehgetan oder etwas kaputt gemacht hat, wird zumindest für eine erste Aussage als Täter angesehen. Wer heult, hat Recht! Das heißt auch: Wer ein anderes Kind zum Weinen bringt, hat Unrecht! Sobald ein Kind in Tränen ausbricht – vor allem, wenn es selten weint –, stehen die meisten anderen Kinder schlagartig auf seiner Seite. Sein Grund zu weinen wird auch für die anderen zum Grund, im Kontrahenten den Schuldigen zu sehen. Wer bereits mehrmals attackiert hat, gilt auch in diesem Fall als der eindeutige Täter. Es gibt in einigen Gruppen sogenannte *„Täter-Kinder"*: Wer bekanntermaßen schon mehrmals in heftige Auseinandersetzungen verwickelt war, kommt auch in einem anderen Konflikt bevorzugt als Täter in Frage. Das sind Kinder, von denen die Gruppe beschlossen hat, dass sie „böse" sind. Dabei handelt es sich um eine pädagogisch höchst anspruchsvolle Situation, da beständig einem dauernd zu spürenden Misstrauen entgegengearbeitet werden muss. Diese Kinder werden, zumindest in einschlägigen Situationen, intensiv beobachtet, weil sie gefürchtet sind, man ihnen alles zutraut und eigentlich immer auf die nächste Katastrophe wartet. Ein solches Image haftet dem Kind an wie Pech, selbst wenn sein Verhalten bereits seit längerem keinen Anlass mehr zu einer derartigen Etikettierung gegeben hat.

Und es gibt „Opfer-Kinder" – ein seit Jahren untersuchtes Phänomen. Sie werden von fast allen Gruppenmitgliedern, vor allem, wenn diese nicht allein, sondern zusammen agieren, bevorzugt gehänselt und geplagt. Interessant ist, was diese Kinder gemeinsam haben: Es sind Kinder, die

▸▸ viel und schnell weinen

▸▸ ihren Angreifern keinen Widerstand entgegensetzen

▸▸ auch nach der Eingewöhnungszeit als nicht integriert bezeichnet werden können

▸▸ wenig anpassungsfähig sind, mit neuen Situationen nichts anfangen, vor allem nichts Positives herausziehen können

▸▸ keine Freunde haben

▸▸ sehr an ihrer Mutter klammern (Achtung: Hier handelt es sich um eine Beobachtung, die keine vorschnelle Interpretation zulässt; zu unterschiedlich können die Gründe hierfür sein!)

▸▸ trotz allem Leid durch eigenes „asoziales" Zutun an der Zementierung ihrer Opferposition beteiligt sind.

> Anfänglich eher zufälliges Mobbing kann aber auch ein Kind ohne diese gerade beschriebenen Sozialhürden treffen. Ein stark frustriertes Kind beginnt einen seiner Mitspieler zu drangsalieren, andere machen mit oder lachen über die unbeholfenen Abwehrversuche und die misslingende Verteidigung des überrumpelten Kindes. Hier muss sofort mit klaren Worten eingeschritten und an Absprachen erinnert werden, sonst wird ein neues Opfer „geboren".

Das Kind mit dem Etikett „Schläger"

Dass mit Opfern äußerst problematisch umgegangen wird, sie in Bahnen gedrängt werden, die sie ohne fremde Hilfe kaum mehr in der Lage sind zu verlassen, ist deutlich geworden. Deshalb bemühen wir uns vermehrt um sie. Doch selten wird darüber nachgedacht, dass auch Täterkinder Opfer ihrer Position in der Gruppe werden und den Weg aus ihrer Isolation heraus ebenfalls nicht ohne Hilfe bewerkstelligen können. Überaggressive Kinder haben z. B. das Problem, dass sie

➼ ganz schnell aggressive Momente in Interaktionen sehen, in denen andere Kinder keineswegs diese Empfindung haben, und sich immer sofort angegriffen fühlen

➼ eine selektive Aufmerksamkeit für aggressive Reize haben, weil sie wenig Selbstbewusstsein und Souveränität besitzen und deshalb auf eine Drohung oder Provokation nahezu warten

➼ sogar aggressive Szenen besser im Gedächtnis speichern können, also schneller wieder zur Verfügung haben als andere Kinder.

Da über die Außenseiterposition von Täterkindern selten nachgedacht wird, wird ihnen auch kaum spezielle Unterstützung angeboten, die sie aber dringend brauchen würden. Täterkinder sind auf Grund ihrer Aggressivität aufgefallen, deshalb sind sie auch dazu geworden. Sie haben ein überdurchschnittliches Ausmaß an Feindseligkeit gegenüber ihrer Umgebung entwickelt, wobei zumeist der Grund hierfür in ihren Familienverhältnissen vermutet werden kann. Gehäuft ist es irgendwann einmal zu einschlägigen Zwischenfällen gekommen: „Valentin ist unser Schläger!" Damit hat Valentin ein sehr stark haftendes Etikett aufgeklebt bekommen. Er wird zum Vorzeigetäter, zum Gerüchtekind, zur selbst erfüllenden Prophezeiung: „Valentin, mach´ uns ja nicht das Sommerfest kaputt. Es liegt in deiner Hand, ob es Krach gibt oder gut geht!" Das ist zuviel Druck, es handelt sich um eine Schuldzuweisung bereits vorab, die Sache muss schiefgehen. Die sich selbst erfüllende Prophezeiung trifft ein.

Was niemand bedenkt: Ein Etikett als Schläger hat höchst problematische pädagogische Konsequenzen. Fällt das Wort „Aggression", denkt jeder an Valentin. Gibt es irgendwo Geschrei und Weinen, suchen über 20 Augenpaare – auch die der Erzieherinnen – nach Valentin, da er als Verursacher des Konfliktes oder doch zumindest in der Nähe des Zwischenfalls vermutet wird. Wie häufig er dann eigentlich tatsächlich ausflippt – vor allem im Vergleich zu anderen vermehrt aggressiv ist – spielt, sobald das Etikett einmal vergeben ist, kaum mehr eine Rolle. Das ist eine erschreckende Entwicklung, da nur noch Valentins Aggressivität Aufmerksamkeit entgegengebracht wird, dem „Rest" von ihm dagegen nicht mehr. Braucht er Aufmerksamkeit, muss er aggressiv sein, da kleine positive Änderungen in seinem Verhalten aufgrund des alles überstrahlenden Stigmas „Valentin ist böse" nicht bemerkt, nicht bestätigt und nicht belohnt werden, sodass sie ganz schnell wieder verschwinden. Ein derartiges Etikett hindert alle daran, auch die Erzieherinnen, bei entsprechenden Gelegenheiten darüber nachzudenken, ob nicht auch Valentin einmal ärgerlich oder wütend sein darf, eine aggressive Reaktion von ihm durchaus auch einmal berechtigt sein kann.

Man fürchtet dieses Kind mit Etikett, denn es ist in seinen Aktionen und Reaktionen nicht einzuschätzen. Es stellt einen Unsicherheitsfaktor dar. Niemand möchte es zum Freund, bloß ja nicht als Boss. Kommt es zu nahe, versucht man es geschickt auszutricksen, damit sein Einfluss nicht zu groß und damit zu bedrohlich wird. Andererseits wird das Kind mit Etikett auch benutzt. Eine Sache steht zur Erledigung an, von der alle wissen, dass sie Spaß machen würde, aber eben nicht ganz in Ordnung ist. Und plötzlich wird Valentin zum Mitspielen eingeladen, darf sogar etwas ganz Wichtiges machen… Er macht es, auch wenn er weiß, dass die Sache „stinkt", doch dann gehört er für kurze Zeit dazu. Auch wenn er nachher natürlich wieder das böse Kind, der Sündenbock ist – wie man ja wieder mal gesehen hat.

Nur ein aktives, engagiertes Team – am besten mit Supervisionsunterstützung – kann aus dieser Sackgasse heraushelfen. Daran, dass dieser eindimensionale Weg entstanden ist, haben alle mitgearbeitet: das Team, die Kinder und das Täterkind. Deswegen kann auch der Schritt heraus nur durch gemeinsame Bemühungen erfolgen.

6.7 Irgendwann muss wieder Ruhe sein

Der Wunsch nach klärenden Verhältnissen

Konflikte müssen keineswegs immer aggressiv gelöst werden. Manchmal klappt es mit einer List, manchmal rettet der Ideenreichtum eines einzelnen Kindes die Situation für alle Beteiligten. Sich unterordnen und nachgeben sowie die Beschwichtigung, kombiniert mit einem Kompromiss, sind andere mögliche Wege.

Nachgeben aus Einsicht in die Undurchführbarkeit eines Plans, aus Angst vor Misserfolg oder den drohenden Konsequenzen kann mitunter eine recht angebrachte Problemlösestrategie sein. Aber eben nur mitunter. Wird dieser Weg aus jedem Konflikt gewählt, entstehen das sichere Gefühl der Unsicherheit und der Verdacht, Probleme wohl niemals zu seinen eigenen Gunsten lösen zu können. Eine äußerst ernüchternde Erkenntnis, die sicher nicht das Selbstbewusstsein fördert, und ein Kind anders auftreten und somit automatisch erfolgreicher werden lässt.

> **Konflikte müssen keineswegs immer aggressiv gelöst werden.**

Ein anderer Weg ist die Beschwichtigung – der Versuch, die erregten Gemüter zu besänftigen und nach einem Ausweg zu suchen. Dieses Vorgehen kann von den Kontrahenten selbst gewählt werden, indem einer der Betroffenen versucht, eine akute Auseinandersetzung abzuwiegeln, ihr die Spitze zu nehmen. Beschwichtigt werden kann aber auch von außen, am wirkungsvollsten durch andere Kinder, die als Schlichter auftreten und so eine für beide Kontrahenten akzeptable Lösung vorzuschlagen versuchen. In beiden Fällen wird angestrebt, das Problem ab jetzt auszudiskutieren und nicht weiter auszukämpfen. Man sucht nach einer Kompromisslösung, mit der beide Seiten „leben" können, sich also deswegen nicht mehr streiten oder schlagen müssen, sondern vielleicht sogar zusammen weiterspielen können.

Nach dem Kampf ist vor dem Kampf

Zuerst denkt man: „Hauptsache, der Kampf ist vorbei. Alles Weitere wird sich geben!" Das stimmt, aber es lohnt sich dennoch, einmal kurz über das Danach im Anschluss an eine aggressive Szene nachzudenken.

Nach der Konfliktanalyse, der aufarbeitenden Besprechung der aggressiven Szene, wäre die Sache eigentlich abgeschlossen. Doch die Erfahrung zeigt, dass alle daran Beteiligten noch auf ein gegenseitiges Signal warten, das es ihnen erlaubt, wirklich einen Schlussstrich unter das Vergangene zu ziehen und einen Blick auf künftige, vielleicht sogar gemeinsame Aktivitäten zu richten: „Was soll die Kathrin denn jetzt machen, damit ihr beide wieder spielen könnt und du nicht mehr weinen musst?" „Wie kann Florian dir denn zeigen, dass er dir nicht mehr böse ist?"

Hier finden sich in den Antworten der Kinder der Wunsch nach einer Entschuldigung ebenso wie die Bitte „mir wieder gut zu sein". Aufhören zu weinen, gemeinsam oder getrennt wieder weiterzuspielen, aber auch „mich ein bisschen in Ruhe lassen" sind alles Wünsche, die man respektieren sollte. Für die Kinder ist die Unterstützung beim Finden von Kompromisslösungen ausschlaggebend für das Danach im Anschluss an eine aggressive Szene. Der Wunsch, gemeinsam weiterspielen zu können, ist in jeder Hinsicht konstruktiv; doch die Frage, wer mit dem umkämpften Auto jetzt eigentlich als erster spielen darf, muss noch vorab geklärt werden.

Manchmal schaffen die Kinder diese Lösungen allein, manchmal mit Hilfe anderer Kinder, mitunter brauchen sie aber auch eine Erzieherin dazu. Manche schauen auch das besagte Auto mit einem Blick an, der ausdrückt: „Wie konnte ich mich um dieses Ding nur schlagen?" Der nächste Blick – ein ganz langer zur ehemaligen Kontrahentin Sarah – zeigt erstes Verständnis, dass es eigentlich gar nicht um das Auto, sondern um die heutige Beziehung zu ihr ging.

Typischerweise besteht nach der Aggression zuerst einmal ein „Loch". Und das oftmals nicht nur für die direkt betroffenen Kinder. Sie schmollen oder verdauen noch, müssen getröstet oder wieder in die Gemeinschaft zurückgeholt werden. Aber alle wirken gedämpft, in ihren Aktivitäten unterbrochen und angehalten. Das Problem liegt irgendwie noch in der Luft – wie eine stabile Schlechtwetterfront. Der Rückweg zu sorglosem Spiel und konzentrierten Aktivitäten muss erst über diesen kritischen Punkt hinweg. Ist dies geschafft, atmen viele auf. In einigen Kindergärten ist das der Moment, in dem die Friedenskerze angezündet wird und alle sich etwas erholen. Das ist keine „verlorene" Zeit! Es ist eine wichtige Zeit, in der man lernt, dass es einen Rückweg in die Gemeinschaft gibt, egal, was vorgefallen ist. Hierfür lohnt es sich zusammenzusitzen.

Und wenn man dann schon einmal beim Zusammensitzen und Nachdenken ist, kommt die Rede vielleicht sogar darauf, wie hilflos und einsam sich der Angreifer gefühlt hat, oder was in dem Kind wohl vorgegangen ist, als es von hinten beim Spielen umgerissen worden ist. Oder in dem Kind, dessen mühsam gedeckter und geschmückter Puppenesstisch nach dem „Einfall der Hunnen" mehr einer Müllkippe ähnelte. Wollte man an deren Stelle gewesen sein?

... konkrete Antworten für die Praxis

- Die Drei-Stufen-Regel zur Beendigung eines massiven Konfliktes lautet: Stoppen, Trennen, Ansprechen.
- Regeln, Ich-Botschaften und lobende Aufmerksamkeit für positives Verhalten geben den Kindern Sicherheit.
- Sanktionen, ohne zu demütigen, zu beschämen oder körperlich zu strafen, zeigen einem Kind die Konsequenzen seines Fehlverhaltens und den Rückweg in die Gemeinschaft auf.
- Sanktionen können in zusätzlichen Aufgaben, Verlusten von Privilegien oder kurzen Auszeiten bestehen. Wichtig ist, dass die Reaktion des Erwachsenen für das Kind nachvollziehbar ist.
- Schlichtungsgespräche helfen, der Konfliktursache auf den Grund zu gehen, ohne Täter oder Opfer zu brandmarken.
- Etiketten wie Täterkind (Schläger) bzw. Opferkind (Heulsuse) müssen von den Fachkräften erkannt und pädagogisch „abgelöst" werden.

7 Böse Buben – liebe Mädchen?

Konkrete Fragen aus der Praxis ...

⊙ Sind Jungen aggressiver als Mädchen oder eben nur auf andere Art?

⊙ Für was kämpfen Jungen – und um was geht es aggressiven Mädchen?

⊙ Durch was in ihrer Sozialisation werden Mädchen zu Mädchen und Jungen zu Jungen?

⊙ Wie gehen weibliche pädagogische Fachkräfte mit ihren eigenen Aggressionen um, und wie kommen sie mit den Aggressionen speziell von Jungen klar?

7.1 Ist Aggression spezifisch männlich?

Glaubt man häufigen Aussagen, so weint ein Junge nie, ist frech, sportlich, tapfer, aggressiv, er kämpft und das gern, er lässt sich nichts gefallen, wehrt sich, ihm ist es egal, wie er aussieht, er ist wild, sucht mutig die Gefahr, spielt nur mit Autos, ist technisch begabt, kann rechnen… Und falls er tatsächlich anders sein sollte, so ist er eben kein richtiger Junge, dann ist an ihm ein Mädchen verloren gegangen. Hingegen weint ein Mädchen immer gleich, ist lieb, anmutig, wenig aggressiv, eher ängstlich, kompromissbereit, großzügig, schlägt nicht, ist geschickt, sauber, ruhig, vorsichtig, fürsorglich wie eine Mutter, spielt mit Puppen, ist sprachbegabt, charmant und fleißig… Und falls es nicht so sein sollte, dann ist es ein Wildfang, also kein richtiges Mädchen, sondern ein halber Junge.

Sind nur Jungen aggressiv?

Auf die pauschale Frage, ob nur Jungen aggressiv sind, kann man mit einem klaren Nein antworten. Auch Mädchen und Frauen sind aggressiv. Das aggressive Verhalten von Jungen und Mädchen, und in einem noch weit stärkeren Maße von Männern und Frauen, muss viel differenzierter betrachtet werden, um hier auch nur annähernd richtige Antworten geben zu können. Ein Junge kann einem Mädchen viel ähnlicher sein als einem anderen Jungen. Und Mädchen können untereinander viel unterschiedlicher sein, als ein Junge und ein Mädchen sich unterscheiden.

> **Auf die pauschale Frage, ob** nur Jungen aggressiv sind, kann man mit einem klaren Nein antworten.

Es gibt wirklich wilde Mädchen, die sich durchzusetzen wissen, und ebenso auch ganz vorsichtige, liebevolle, eher schüchterne Jungen. Wenn es heißt, die Mädchen verhalten sich mehr auf diese Weise, die Jungen machen das eher so, handelt es sich immer um statistische Durchschnittsaussagen, die aus mehr oder weniger vielen bei Jungen und Mädchen erfassten Daten errechnet worden sind. Mit diesem theoretischen Rüstzeug gewappnet, können wir uns den Bereich Aggressionen im Kindergarten – nach Mädchen und Jungen getrennt – genauer ansehen.

Was fällt bei den Mädchen auf?

▸▸ Mädchen greifen selten körperlich an. Ein körperlicher Einsatz ist bei ihnen in den meisten Fällen auf die Verteidigung beschränkt – vor allem bei einem Jungenangriff.

▸▸ Für Mädchen ist das Eingreifen in fremde Aktivitäten typisch. Sie versuchen über Kommentare, Anweisungen oder Kritikäußerungen auf das Spiel der anderen Einfluss zu nehmen. Dieses Verhalten spiegelt ihr größeres Interesse an sozialen Interaktions- und Kommunikationsprozessen wider und den Wunsch, diese in ihrem Sinne zu kontrollieren.

▸▸ Wenn Mädchen drohen, dann mit Verweigerung, so z. B. etwas nicht zu tun, nicht mehr mit jemandem zu reden, nicht mehr mitzumachen, nicht mehr befreundet zu sein, nicht zu helfen, etwas nicht herzugeben (Bowie 2007). Sie bevorzugen die dezenteren Aggressionsformen, treffen ihre Gegnerinnen aber da, wo es ihnen am meisten wehtut – in ihrem Sozialverbund.

▸▸ Mädchen unterstützen in Konflikten eher das schwächere Kind, dem sie weniger Chancen ausrechnen und es deshalb verteidigen. Wohl überlegt, denn dieses Kind könnte in einem anderen Zusammenhang als Fürsprecher ihre Position stärken.

▸▸ Mädchen tragen Wettkämpfe selten in Form körperlicher Balgereien aus. Viel eher sind Wortgefechte zu beobachten. Häufig sind auch Koalitionsgespräche im Gange, wobei die Anzahl und das Ansehen der Anhängerinnen bereits den Kampf entscheiden können.

▸▸ Mädchen spielen fast alles irgendwann, jedoch mit unterschiedlicher Präferenz und Häufigkeit. Trotz klarer Bevorzugungen ist ihre Spielwahl fast geschlechtsneutral. Geschicklichkeit und Einfallsreichtum sind wichtige Voraussetzungen für eine beliebte Mitspielerin, jedoch wird ein direkter Leistungsvergleich zwischen Spielgruppenteilnehmerinnen nicht angestrebt. Innerhalb der Gruppe macht man sich keine Konkurrenz.

Was fällt bei den Jungen auf?

▸▸ Jungen zeigen auffällige Aggressionsformen. Sie sind heftig, laut und wild und lieben in jedem Alter körperliche Aggression – selbst ausgeführt, beobachtet, in Spielen, Texten und Filmen (Benenson et al. 2008). Jungen scheinen aggressive Szenen schneller und häufiger zu imitieren. Sei es, weil aggressive Szenen für sie attraktiver sind, sie diese aufmerksamer beobachten, oder weil ihnen diese Reaktionsweise näherliegt.

▸▸ Jungen greifen sich untereinander häufiger an, als dass sie ein Mädchen angreifen.

▸▸ Jungen raufen („bubeln") mehr miteinander. Das heißt, sie initiieren häufiger spielerische Aggressionen und werden auch häufiger dazu aufgefordert als Mädchen (siehe Kap. 4.4).

▸▸ Jungen imponieren, das heißt sie drohen, bauen sich auf, um größer und gewaltiger zu wirken und dadurch Eindruck zu erwecken. Oft ist mit einem imposant wirkenden Zurschaustellen der gesamte Konflikt bereits gelöst. Imponieren ist eindeutig männlich.

▸▸ Wenn Jungen drohen, dann kündigen sie an, dem Widersacher in irgendeiner Form wehzutun, ihm etwas kaputt zu machen oder wegzunehmen. Aber ist ein Konflikt vorbei, ist er auch schneller vergessen. Die eindeutige Klärung lässt versöhnlicher reagieren.

▸▸ Jungenspiel ist wilder. Es geht vor allem um offenen Wettbewerb, um Konkurrenz, das Kämpfen und die Frage „Wer ist größer, schneller, besser …".

Mädchen sind nicht weniger aggressiv – nur anders
Der einzige Unterschied zwischen den Geschlechtern scheint zu sein, dass Mädchen weniger schnell körperlich aggressiv werden. Körperliche Aggression stellt nicht ihre erste Konfliktlösestrategie dar. Mäd-

chen räumen Hindernisse anders aus dem Weg, beseitigen Widerstände auf ihre Weise. Sie setzen ihre starken Seiten anders ein und kämpfen mit anderen Mitteln: recht oft verbal, doch vor allem still, indirekt und „diplomatisch", indem sie das von ihnen perfekt durchschaute Beziehungsnetz zu Hilfe nehmen. Wenn man diese Beziehungskämpfe

> **Der einzige Unterschied** zwischen den Geschlechtern scheint zu sein, dass Mädchen weniger schnell körperlich aggressiv werden.

mit einbezieht, was man angesichts ihrer mit physischer Aggression durchaus vergleichbaren Konsequenzen unbedingt machen sollte, ist der Abstand gezeigter Aggressionen zwischen Jungen und Mädchen gar nicht mehr so groß.

Für diese Reaktionsunterschiede werden mehrere Ursachen verantwortlich gemacht: Zum einen geht es um biologische Körper- und Verhaltensmerkmale, zum anderen um gesellschaftlich und kulturell vermittelte Geschlechtsstereotype, also Erwartungen, die seitens der Gesellschaft für Jungen und Mädchen unterschiedlich aussehen und auf die Erziehung jedes Kindes Einfluss nehmen.

Eine Spielplatzbeobachtung zeigt, wovon die Rede ist: Die etwa dreijährige Anna spielt mit Eimer, Schaufel und einigen Sandformen im Sandkasten eines Spielplatzes. Zum Stürzen des Sandkuchens legt sie ihre Schaufel kurz beiseite. Ein anderes Mädchen, das bislang mit einem Holzpferd im Sand gespielt hatte, greift nach der abgelegten Schaufel und beginnt einen Graben um ihr Pferd auszuheben. Anna beobachtet kommentarlos ihr Tun. Als das andere Mädchen jedoch beginnt, die Schaufel mit den Händen im Sand zu vergraben, sagt Anna: „Das ist meine Schaufel, ich will sie wieder!" Sofort eilt Annas Mutter von der Bank zum Sandkasten, packt ihre Tochter unsanft am Arm und sagt mit lauter Stimme: „Anna, sei nicht schon wieder garstig! Du kannst deine Schaufel doch mal kurz dem anderen Mädchen geben. Jetzt sei lieb, sonst gehen wir heim!"

Einige Minuten später steigt ein etwa dreijähriger Junge, Hannes, bepackt mit einem Plastiklastwagen mit Anhänger in den Sandkasten. Seine Mutter bleibt am Sandkastenrand sitzen und unterhält sich mit einer Bekannten. Beim Fahren im Sand kuppelt sich der Anhänger immer wieder vom Lastwagen ab. Zwei andere Jungen nutzen die Gelegenheit und schaufeln Sand auf die Ladefläche des steckengebliebenen Anhängers. Hannes springt auf und schreit: „Hört sofort auf, ihr Knallis!", reißt seinen Anhänger zu sich und spielt weiter. Seine Mutter ruft „Hallo Schatz!" und winkt dem aufschauenden Hannes lächelnd zu. Zu ihrer Bekannten sagt sie: „Ich bin ja so froh, dass er endlich anfängt, sich zu wehren. Der hat sich ja von allen Kindern alles gefallen lassen!"

Zwei fast identische Situationen: Zwei Kinder, das eine ein Mädchen, das andere ein Junge, verteidigen – das eine Mal sachlich und dezent, das andere Mal herzhafter – ihr Eigentum. Zwei völlig unterschiedliche Reaktionen der Bezugspersonen folgen darauf: einmal Bestrafung für aggressive Verteidigung und Androhung eines Spielabbruchs, das andere Mal Bestätigung für Aggression und Anerkennung für dieses Handeln. Wie wird sich das Mädchen in der nächsten vergleichbaren Situation verhalten, wenn es nicht wieder Anstoß erregen möchte? Sicher anders als der Junge. Ein überzeugendes Beispiel, das zeigt, dass der Einsatz oder Nichteinsatz offener Aggression sicher nicht nur durch die Gene, sondern auch ganz wesentlich durch die Erziehung dirigiert wird.

Es gibt mehrere Gründe, warum Mädchen weniger offen und weniger körperlich aggressiv sind: Wie unserer Beobachtungen auf öffentlichen Plätzen seit Jahren zeigen, wird bei Mädchen offenes aggressives Verhalten, also vor allem körperliche und klare verbale Aggression, konsequenter unterbunden als bei Jungen. Offene Mädchenaggressionen werden schneller wahrgenommen, kommentiert und unter Strafe gestellt. Das ist der erste Grund, weniger offene Aggression zu zeigen und auf Formen getarnter Aggression auszuweichen. Mädchen trauen sich kämpferisch wenig zu. Sie unterschätzen ihre Kraft und ihre Kampfesfähigkeiten. Schlagen sie einen Jungen tätlich oder mit Worten in die Flucht, sind sie selbst über den Erfolg am meisten überrascht. Sie halten Jungen immer für schneller, stärker und mutiger als sich selbst, was aber vor allem darauf beruht, dass sie genau diese Aussagen immer zu hören bekommen und nicht daran zweifeln. Mindestens noch während des gesamten Grundschulalters stehen sie Jungen in Kraft und Schnelligkeit kaum etwas nach. Verlangt der Wettkampf eine hohe körperliche Geschicklichkeit, so sind sie ihren Geschlechtsgenossen sogar etwas überlegen. Mädchen kennen aber ihre eigenen Hemmungen körperlich anzugreifen, und sie kennen die fehlende Hemmung der Jungen zur Genüge, was deren Kampf mit größerer Wahrscheinlichkeit siegreich werden lässt.

Ein weiterer Grund, warum Mädchen weniger offen und weniger körperlich aggressiv sind, hat mit dem Phänomen der sozialen Kontrolle durch die Gleichaltrigen zu tun. Niemand akzeptiert eindeutig aggressive Mädchen – noch nicht einmal die Mädchen untereinander. Ein schlagendes und schimpfendes Mädchen gerät leicht in eine Außenseiterposition und ist niemandes beste Freundin. Selbst wenn den Peers angesichts einer mutigen Aktion kurz der Mund vor Bewunderung offensteht, haben alle die Empfindung, dass dieser aggressive Akt doch nicht so richtig zu einem Mädchen passt. Jungen reagieren hier anders: Mitunter bekommen aggressive Jungen soziale Anerkennung innerhalb ihrer Gleichaltrigengruppe – aber nur, wenn sie den eigenen Gruppenmitgliedern gegenüber ihre Aggressivität im Griff haben. Mädchen, die sich für aggressiv halten, haben mehr Probleme mit der eigenen Aggressivität als Jungen. Sie leiden unter ihren unkontrollierten Stimmungswechseln und negativen Gefühlen gegenüber anderen. Sie scheinen die Rückmeldung „unpassend" verinnerlicht zu haben. Außerdem stellen sie höhere Anforderungen an ihre Sozialkompetenz:

▸▸ Für ein Mädchen hat ein gutes Auskommen höchste Priorität. Viele Selbstzweifel, auch ihre Sozialkompetenz betreffend, quälen sie. Sie suchen hierzu das Gespräch mit ihren Freundinnen und bekommen gut wertbare Rückmeldungen. Das bedeutet: Mädchen können es sich leisten, Probleme bei sich zu sehen.

▸▸ Jungen sind sorgloser und zufriedener mit sich. In ihren Augen liegt das Problem meist bei den anderen, was sie folglich nicht betrifft.

▸▸ An sich nicht zu zweifeln ist eine stabilisierende Strategie, denn mangels Ansprechpartnern und Veränderungsideen können Jungen es sich nicht leisten, sich selbst in Frage zu stellen.

Wer ist der Stärkste? Wer ist die Einflussreichste?

Jungen und Mädchen kämpfen jeweils für andere Ziele und mit anderen Mitteln. Unterschiedliche Dinge sind ihnen wichtig und einen für sie typischen Kampf wert. Diese Unterschiede zeigen sich schon an der variierenden Strukturierung von Mädchen- und Jungengruppen:

In einer *Jungengruppe* wird sofort die zugrunde liegende Hierarchie sichtbar. An der Spitze steht der Stärkste, der Schnellste, der Wortgewaltigste, dann kommt Platz zwei, dann drei usw. Es geht um Dominanz, jeder Platz entschieden durch klare Wettkämpfe zwischen jeweils zwei Jungen. Jeder beobachtet die Gruppenstruktur aufmerksam, um keine Aufstiegschance zu versäumen, aber auch um nicht unter die Räder zu kommen. Es gibt viele Anlässe für kurze Gefechte. Die Bindungen zwischen Jungen im Kindergartenalter sind meist noch nicht eng. Jungen spielen mit vielen Gruppenmitgliedern: Fußball mit Dennis, Bauen mit Lukas, Bilderbuch anschauen und Fantasiegeschichten mit Robin. Ist Dennis nicht da, spielt man eben mit anderen Jungen Fußball. Feste Freundschaften sind zumindest bis kurz vor dem Schuleintritt unter Jungen selten. Es gibt Spielfavoriten, stehen diese jedoch nicht zur Verfügung, wird ein Junge auch mit der zweiten Wahl glücklich. „Ich bin nicht mehr dein Freund", ist sicher auch unter Jungen kein gern gehörter Satz, doch wird er meist mit einem Achselzucken quittiert, bereits auf der Suche nach einer neuen Aktivität mit jemandem, der gerade etwas Ansprechendes macht und keine stressenden sozialen Anforderungen an einen Mitspieler stellt.

> **Jungen und Mädchen kämpfen jeweils für andere Ziele und mit anderen Mitteln.**

„Ich bin nicht mehr deine Freundin", ist fast das Schlimmste, was ein Mädchen zu hören bekommen kann. Ihre Welt scheint zusammenzubrechen, da alle Spielideen und Zukunftsprojekte gemeinsam geplant waren. Mädchen haben tatsächlich eine, höchstens zwei „beste" Freundinnen und spielen mit diesen auch bevorzugt. Für Mädchen, auch bereits im Kindergartenalter, sind Freundschaften sehr wichtig. *Mädchengruppen* bilden sich nach dem Kooperationskonzept, nicht nach dem Dominanzkonzept der Jungen. Der gegenseitige Kontakt und das Wissen voneinander sind Mädchen wichtig: Wer steht mir nahe, auf wen kann ich mich verlassen, wer wird sich für mich entscheiden, notfalls für mich einsetzen? Es finden viele Gespräche statt, oft sogar ein emotionaler Austausch. Mädchen raufen und „bubeln" nicht miteinander als Zeichen der Verbundenheit, sie sprechen miteinander und erzählen sich viel. Eine Ausgrenzung aus diesem vertrauten Kreis wird gefürchtet, und deswegen wird um eine Sicherung des Platzes auch hart gekämpft – nicht mit Fäusten, sondern bevorzugt mit relationaler Aggression (Jugert et al. 2000). Eine wichtige Rolle spielt hierbei sicher, dass nicht die Stärkste gesucht wird, sondern die Einflussreichste, die sozial Intelligenteste, also das Mädchen, das am ehesten in der Lage ist, Beziehungen und ihre Tragfähigkeit zu durchschauen, sie notfalls sogar zu manipulieren.

7.2 Der Sozialisationsverlauf wird durch Sex und Gender beeinflusst

Sex bezeichnet die biologischen Körper- und Verhaltensmerkmale, die Männer und Frauen voneinander unterscheiden. *Gender* bezeichnet gesellschaftlich und kulturell vermittelte Geschlechterbilder – Erwartungen, die die Gesellschaft an Jungen und Mädchen, an Männer und Frauen hat. Diese Zuschreibungen sind geschlechtsspezifisch ausgeprägt. Das heißt: Es existieren für Frauen und Männer verschiedene kulturelle Bilder. Die Entwicklung von Geschlechtsidentität und Geschlechterrollen beruht auf einem komplexen Zusammenspiel von biologischen, psychischen und sozialen Faktoren. Geschlechtsspezifische Verhaltensweisen haben eine biologische Grundlage, sind aber immer auch eine Folge von Sozialisation und Erziehung (Bronner & Behnisch 2007). Kinder brauchen in einer Welt mit Männern und Frauen ihre eindeutigen geschlechtstypischen Identifikationsangebote als Junge oder als Mädchen. Aber es geht auch

> **Geschlechtsspezifische** Verhaltensweisen haben eine biologische Grundlage, sind aber immer auch eine Folge von Sozialisation und Erziehung.

darum, die Vielfalt von Gefühlen und Verhaltensweisen für beide Geschlechter im Blick zu behalten, um Jungen und Mädchen einen möglichst großen Handlungsspielraum innerhalb ihres Interessensspektrums zu eröffnen.

Der Sozialisationsverlauf von Jungen und Mädchen wird durch den Kindergarten massiv beeinflusst (Haug-Schnabel & Bensel 2007). Befragte Erzieherinnen sind meist der Meinung, dass sie alle Kinder gleich behandeln und dies auch ganz bewusst tun. Indem sie sich selbst eine Gleichbehandlung aller Kinder verordnen, hoffen sie, verpönte Geschlechterstereotypen umgehen zu können (Rohrmann 2003). Doch es geht nicht darum, Mädchen und Jungen gleich zu behandeln. Eine Gleichbehandlung könnte nur Erfolg versprechen, wenn beide Geschlechter von ihrer Anlagen her wirklich gleich wären. Doch zwischen Jungen und Mädchen und vor allem zwischen den Mädchen und genauso zwischen den Jungen gibt es erhebliche Unterschiede. So bedeutet eine Gleichbehandlung der bewusst in Kauf genommene Verzicht auf die volle Breite des menschlichen und individuellen Potenzials innerhalb der geschlechtsbezogenen Bedürfnisse und Wünsche. Es geht nicht darum, die Geschlechterdifferenz aufzuheben, damit Mädchen genauso werden sollen wie Jungen oder Jungen wie Mädchen. Vielmehr handelt es sich um geschlechtsbewusste Pädagogik, damit bei Mädchen und Jungen durch Angebotsvielfalt Bereiche gefördert werden, die im Zuge der üblichen Geschlechtersozialisation aus Tradition oder durch einen nicht achtsamen Blick aufs Individuum zu kurz kommen. Es geht um die bereits als Kind erlebte Erfahrung, dass Jungen und Mädchen mehr können und mehr zeigen dürfen, als das die übliche gedankliche Trennung in „typisch Junge" und „typisch Mädchen" für sie vorsieht (Scheithauer 2003; Bronner & Behnisch 2007).

Eine erweiterte Geschlechtsidentität zu bekommen, ist immer noch schwierig. Vor allem den Jungen fehlt es in den ersten zehn – fast ausschließlich durch Frauen geprägten – Lebensjahren an präsenten, aktiven und attraktiven männlichen Vorbildern zum Aufbau einer eigenständigen Geschlechtsidentität, die nicht nur als „anders als die Mädchen/Frauen" definiert ist.

Eine Stärkung sozialer und emotionaler Kompetenzen während Kindheit und Jugend, die Fähigkeit, Gefühle wahrzunehmen und auszudrücken, sich in die Erwartungen seines sozialen Gegenübers einfühlen und auf diese eingehen zu können, würden hier große Veränderungen zum Positiven bringen.

Jungen bevorzugen Jungengruppen aus Gründen der emotionalen Entlastung. Mädchen wären von sich aus viel eher bereit auch mit Jungen zu spielen, doch geben ihnen diese selten die Gelegenheit dazu. Zu groß wäre die Gefahr, mit belastenden Gefühlen und dann mit Kontrollverlust kämpfen zu müssen. Nur unter Jungen zu sein, macht es möglich, belastende Emotionen in der Gruppeninteraktion möglichst gering zu halten. Keiner spricht über Gefühle, jeder arbeitet mit Schutzwall, keiner legt Wert darauf, in die Gefühlstiefen zu gehen.

7.3 99 Prozent der Erzieher sind weiblich – und das hat Konsequenzen

Fortbildungsreferentinnen für verschiedene Berufsgruppen zum Thema Aggression bauen erfreulicherweise immer öfter in ihre Einheiten auch Selbsterfahrungen mit ein. Wie diese aussehen, ist ganz unterschiedlich – abhängig vom Ausbildungshintergrund und auch vom Mut der Anbieter. Spannend sind alle.

Eine bezüglich des Ergebnisses besonders beeindruckende Aufgabe ist folgende: Die Teilnehmer und Teilnehmerinnen bekommen den Auftrag, miteinander zu kämpfen. Sogar mit „Waffen" – z. B. mit Isolierhüllen für Heizungsrohre. Diese Teile wirken imposant, sind aber völlig ungefährlich. Meist kämpfen Männer gegen Männer und Frauen gegen Frauen. Das geschieht am besten in getrennten Räumen, damit beide Geschlechter unter sich sind, oder – was wichtiger ist – ohne Zuschauer vom anderen Geschlecht.

Wagen Sie vor dem Weiterlesen eine Prognose? Was passiert im Frauenraum, was im Männerraum? Identisches? Unterschiedliches?

Die *Männer* kämpfen ohne große Aufwärmzeit mit viel Spaß miteinander – jeder gemäß seinem Temperament, seiner Geschicklichkeit und seinem Einfallsreichtum. Lautmalerisch werden die Aktionen ausgestaltet. Man ist sofort „per Du" untereinander. Manch einer bekam schon in dieser Szene einen Spitznamen, der bis zum Kursende verwendet wurde: Zorro, Der edle Ritter, Kampfclown …

Die *Frauen* kämpfen zuerst einmal gar nicht. Sie unterhalten sich über Konflikte, Aggressionen, Körperlichkeit, Handgreiflichkeiten und über das Überwinden von Hemmungen. Beginnen tatsächlich zwei Frauen einen Kampf, so kann man mit großer Wahrscheinlichkeit davon ausgehen, dass beide sich bereits vor dem Kurs gekannt haben, sich sympathisch sind. Erst auf eine weitere Ermunterung hin machen sich einige Frauen pflichtbewusst ans Kämpfen. Vorsichtig wird hantiert. Immer mit einem (entschuldigenden? entwaffnenden?) Lächeln auf dem Gesicht. Mit geröteten Wangen, gleich anfangs schon, also nicht aufgrund der Anstrengung, sondern wegen den peinlichen Momenten, die in dieser Körperaufgabe versteckt sind. „Erschrecken Sie bitte nicht, ich greife jetzt an!" ist das schönste in diesem Zusammenhang überlieferte Zitat. Irgendwann kämpfen die Frauen, manchen macht es Spaß, manchen merkt man den Widerwillen an. Alle achten darauf, dass sich nur die Waffen gegenseitig berühren. Touché ist selten. Dankbar wird der Schlusspfiff angenommen.

Um das Bild wieder zurechtzurücken: Ganz anders sieht die Situation aus, wenn Frauen aufgefordert werden, ein Wortgefecht zu führen. Hier steigen sie so ein, dass man nur hoffen kann, dass der/die Teamleiterin über gruppendynamische Fähigkeiten verfügt. Oder wer glaubt, man könne Frauen nicht durch eine Wettbewerbsaufgabenstellung in Gruppenkonkurrenz bringen, der irrt sich gewaltig. Für ihre Gruppe machen sie auf diesem verbalen Weg alles.

Die Studie des Deutschen Jugendinstituts „Konflikte unter Kindern. Erzieherinnen berichten aus ihrem Alltag" enthält zu diesem Thema: „Viele Erzieherinnen können körperliche Auseinandersetzungen unter Kindern nur schwer aushalten, weil sie selbst als Mädchen damit keine Erfahrungen gesammelt haben, oder wenn, dann nur als Opfer" (Dittrich et al. 1997). In alter Mädchentradition haben Erzieherinnen Probleme mit körperlich ausgetragenen Konflikten. Entweder wurde Mädchen das Verzichten und Nachgeben als Ausweichstrategie angesichts eines bevorstehenden Kampfes beigebracht, oder auf den Hinweis „Regelt das unter euch!" trat tatsächlich der Regelfall ein: Die Jungen setzten sich durch, die Mädchen gaben nach.

> **In alter Mädchentradition** haben Erzieherinnen Probleme mit körperlich ausgetragenen Konflikten.

An dieser Stelle weiterzudenken ist wichtig, wenn wir einen realistischen Umgang mit Aggressionen im Kindergarten anstreben. Die Fragen lauten: Wenn kleine Jungen ihre Konflikte bevorzugt kämpferisch lösen, Erzieherinnen jedoch aufgrund ihrer eigenen Konfliktvorgeschichte und Opferfantasien mit körperlicher Aggression nicht klarkommen, besteht dann nicht die Gefahr, dass die handfesten Auseinandersetzungen der Jungen überbewertet werden? Kann es unter diesen Bedingungen nicht sein, dass die nicht-körperlichen Aggressionsformen der Mädchen zu wenig beachtet, und die Akteurinnen somit auch nicht in sozial verträgliche Grenzen verwiesen werden? Könnte sich die „Auf-einem-Auge-blind-Situation" der Erzieherinnen als Erfahrungseinschränkung auswirken, die vor allem die Mädchen in ihrer passiven Opferrolle verharren und auf intrigante Strategien ausweichen lässt? Bietet ein Kindergarten, in dem Frauen *und* Männer erziehen und Vorbildrollen übernehmen – auch beim Konfliktlösen – ein breiteres Strategiespektrum?

... konkrete Antworten für die Praxis

- ➋ Mädchen und Jungen unterscheiden sich weniger im Ausmaß ihrer gezeigten Aggression als in der Form und den Anlässen bzw. Zielen.
- ➋ Spielerische Aggression sieht man bei Mädchen deutlich seltener.
- ➋ Weibliche Aggressivität wird von Seiten der Eltern und den anderen Kindern weniger akzeptiert. Außerdem trauen sich Mädchen weniger zu, körperlich zu kämpfen.
- ➋ Der Sozialisationsverlauf von Jungen und Mädchen wird durch den Kindergarten massiv beeinflusst und ist von der Chance einer erweiterten Geschlechtsidentität noch weit entfernt. Dies ist auch die Konsequenz von zu wenig männlichen Fachkräften in den Kindertageseinrichtungen.

8 Was muss sich ändern?

Konkrete Fragen aus der Praxis ...

🠂 Wie differenziert ist mit Aggressionen umzugehen?

🠂 Muss von Anfang an auf Aggressionen bei Kindern geachtet werden?

🠂 Was bietet ein Gegengewicht zu aggressiven Verhaltensweisen im kindlichen Repertoire?

🠂 Kann man lernen, Gewalt nicht attraktiv zu finden?

8.1 Der Umgang mit Aggression verlangt kompetentes Differenzieren

Seit der Einführung des Gesetzes zur Ächtung der Gewalt in der Erziehung vom 6. Juli 2000 ist die elterliche Züchtigung nicht mehr erlaubt und eine gewaltfreie Erziehung geboten. Der Paragraf 1631 des Bürgerlichen Gesetzbuches (BGB) schreibt vor: „Kinder haben das Recht auf gewaltfreie Erziehung. Körperliche Bestrafungen, seelische Verletzungen und andere entwürdigende Maßnahmen sind unzulässig." Trotz dieses großen Schrittes weist Schlag (2003) darauf hin, dass die dunkle Seite kindlicher und jugendlicher Erfahrungen in den öffentlichen Äußerungen immer noch nicht den ihr angemessenen Platz erhält: „Nur über die besonders sensationellen und tragischen Fälle wird überhaupt noch berichtet: über den spektakulären Amoklauf, die Misshandlung mit Todesfolge, die brutale Auslöschung einer ganzen Familie. Hingegen ist der Widerstand gegen die vielen kleinen Verletzungen und Zerstörungen der Kind- und Jugendseelen inzwischen gänzlich den Beratungsstellen und Notfalleinrichtungen überlassen."

Viel zu wenig Beachtung finden alle Formen emotionaler Vernachlässigung und emotionaler Abwertung von Kindern durch ihre Bezugspersonen – eine gefährliche Mischung aus verbaler und relationaler Aggression. Dass wir hierbei klare Indizien der Kindeswohlgefährdung vor uns haben, müssen wir erst noch in voller Tragweite begreifen. Aggression lässt sich nicht über einen Kamm scheren. Es gibt sie in so vielen Facetten:

➠ Gewalt und aggressive Einschüchterung dürfen keine Akzeptanz finden und ein „erfolgreicher" Einsatz darf nicht belohnt werden.

➠ Gegen massenaggressive Reaktionen und Ausgrenzungstendenzen gegenüber einzelnen Gruppenmitgliedern muss konsequent eingeschritten werden.

➠ Es gibt für das Individuum und für die Gruppe notwendige Formen der Aggression. Die konsequente und gerechte Grenzziehung, aktiv provoziert durch die aggressive soziale Exploration, ist für die Orientierung eines Kindes in seiner Umwelt nötig.

➤➤ Die Aggression aus Frustration sorgt dafür, dass Defizite bei der Befriedigung wichtiger Bedürfnisse sichtbar werden.

➤➤ Die spielerische Aggression stabilisiert die Gruppe, erleichtert die Kontaktaufnahme und hat befriedende Wirkung.

Aggression in sozial akzeptabler Form ist *eine* Möglichkeit der Reaktion in Konflikten, oft kann ein anderer Weg zur Lösung des Problems gefunden werden. Es ist wichtig:

➤➤ Aggressivität zu zeigen, um mit Nachdruck die Änderung einer ängstigenden, frustrierenden, gefährdenden oder einschränkenden Situation herbeizuführen und gegen Widerstände, die uns ungerechtfertigt erscheinen, zu revoltieren

➤➤ Aggressivität zu zügeln, wenn dies nach unseren Vorstellungen eines humanen Zusammenlebens und zur Vermeidung von Eskalation angebracht erscheint

➤➤ Aggressivität als Gefühlsregung anzuerkennen, um mit sich selbst authentisch und selbstregulatorisch umgehen zu können.

8.2 Keine falsche Hoffnung: Aggression wächst sich nicht aus!

„Wutausbrüche, Tobsuchtsanfälle, Schreikrämpfe, Angriffe mit Fäustchen und Tritte mit Babyfüßen, Zertrampeln von Spielzeug – das gibt sich doch von allein. Wirkt doch irgendwie putzig. Davor braucht doch keiner Angst zu haben. Nicht immer gleich mit Erziehung kommen." Diese Sätze hört man sehr oft. Aber sie sind falsch!

Aggression wächst sich nicht von allein aus, wie z. B. die krummen Babyspeckbeinchen. Das ist eine trügerische Hoffnung. Diese Argumentation ist nur ein Versuch, sich aus der Verantwortung zu schleichen. Denn gegen aggressive Ausbrüche anzugehen ist mühsam. Zeigt ein Kind häufig, weit über das Trotzalter hinaus, heftige und oft unvermittelte Aggressionen anderen Kindern, Erwachsenen, sich selbst oder Gegenständen gegenüber, so wissen wir heute genau, dass diese Ausbrüche nicht großzügig übersehen werden dürfen. Nur konsequentes und schnelles Einschreiten, dessen Grund erklärt werden muss, das nicht erniedrigend sein darf, aber bei erneutem Regelverstoß zu Konsequenzen führen muss, kann diesen bereits begonnenen Teufelskreis unterbrechen. Vorausgesetzt, man macht sich gleichzeitig noch auf die Suche nach den Gründen für dieses wilde Ausrasten. Denn die aggressiven Ausbrüche einzudämmen ist nur der erste Schritt. Danach müssen die Aggressionsursachen aufgespürt werden, die das Kind bislang so sprachlos, hilflos und alternativlos der Aggression ausgeliefert haben.

Heftig aggressiv zu reagieren gewöhnt man sich an, wenn die Probleme unüberschaubar sind und gegen diese vermeintliche Konfliktlösestrategie nicht eingeschritten wird. Und man wird im Toben besser, je älter man wird und je mehr auf diese Weise „erledigte" Konflikte man auf dem Buckel hat…

Deshalb darf Aggression nicht übersehen werden, muss sofort auffallen und kommentiert werden. Nur dann erfährt ein Kind, dass man sehr wohl auf seine Erregungsäußerungen achtet, diese aber nicht unkontrolliert ablaufen können und beim Überschreiten eines bestimmten Grenzwertes unterbunden werden: „So nicht! Falls doch, muss ich mit Konsequenzen rechnen. Also helft mir, das Problem anders zu lösen!"

Aggression nicht ausklammern – dazu stehen, daran arbeiten

Erwünschtes Verhalten wird ebenso nachgeahmt wie unangemessenes. Es geht also um Vorbildfunktionen, um positive Identifikationsfiguren: Wie sollten wir Erwachsenen mit Aggressionen umgehen? An vielen Stellen werden Sie beim Lesen bereits bemerkt haben, dass auch beim Thema Aggression unser Vorbild den Kindern als Muster dient

– und zwar immer! Nicht nur, wenn wir unsere pädagogisch günstigen Vorzeigemomente haben ...

Kinder müssen unbedingt erleben, dass auch Erwachsene, sogar die Erzieherin und selbst Mutter und Vater, negative Gefühle empfinden oder eine Wut bekommen können und sich durchaus auch dazu bekennen. In dieser kontrollierten Form kommt Aggression aus dem Bereich des generell Verbotenen heraus. Sie wird zu etwas Dazugehörigem, wird akzeptabel und fassbar und zu etwas, dessen Umgang man lernen kann. So kann ein Kind erfahren, dass Aggression nicht zu trennen braucht. Es erlebt, dass auch Vater und Mutter, obwohl sie sich lieben und achten, einen herzhaften, aber nicht alles in Frage stellenden Krach miteinander bekommen können. Die Ableh-

> **Erwünschtes Verhalten** wird ebenso nachgeahmt wie unangemessenes.

nung einer Handlung oder Vorstellung bedeutet nicht die Ablehnung der ganzen Person! Wenn ein Kind merkt, dass es soeben etwas ganz Blödes gemacht hat, worüber sich z. B. die Mama sehr ärgert, muss es gleichzeitig noch spüren und wissen, dass es dennoch geliebt wird und sich daran auch durch den Quatsch, den man gerade gemacht hat, nichts ändert. Hierzu gehört auch die Erfahrung, dass eine ehrlich gemeinte Entschuldigung angenommen wird, Verbocktes wieder in Ordnung gebracht werden kann und Versöhnung genossen werden darf.

8.3 Sozial Attraktives muss sich lohnen

Was gehört zu sozial attraktivem Verhalten dazu? Was dürfen wir nicht als selbstverständlich einstufen und deshalb beim Hervorheben, Belohnen und Wertschätzen nicht vergessen?

Im normalen kindlichen Verhaltensrepertoire gibt es erfreulich viele Aggression senkende und Aggressionen verhindernde Verhaltensweisen, die jede Form der Unterstützung brauchen. Ganz bewusst soll am Schluss der Blick weg von der Aggression zum sozial attraktiven Verhalten gelenkt werden. Kinder im Kindergartenalter verfügen neben einem hohen Konfliktpotenzial über ein reichhaltiges Repertoire an

Verhaltensweisen, die den Aggressionspegel senken, wenn nicht sogar Aggressionen verhindern können (Haug-Schnabel 2003b).

Die Kinder begrüßen und verabschieden sich, lächeln sich an, streicheln und liebkosen sich, um sich ihre Zusammengehörigkeit zu signalisieren. Sie trösten, schenken, bitten, danken, teilen, bieten ihre Hilfe an, geben sich gute Wünsche mit auf den Weg, entschuldigen sich, versöhnen sich wieder und arbeiten, auch durch Raufen, an ihren Freundschaften. All das wirkt bandstiftend und gruppenstärkend. Es gibt auch Alternativen zu Kampf und gegenseitiger Beschimpfung wie Schmollen, ein angedrohter Kontaktabbruch, um den Angreifer zum Einlenken zu bewegen, höchst kreative Lösungsideen wie Wortgefechte, selbst erarbeitete und daher tragfähige Kompromisse, Schlichtungsversuche, Beschwichtigungen sowie die Intervention eines ranghöheren Kindes zugunsten des schwächeren Streitpartners. Die Eigenfähigkeiten zur Konfliktlösung sind hoch – vorausgesetzt, die Erwachsenen bieten den geschützten Raum, Erprobungsmöglichkeiten und Modelle, diese kennen zu lernen und einzuüben. Diese positiven Reaktionsweisen, die selbst im Konfliktfall vorkommen können, zeigen sich nicht automatisch, sie sind nicht selbstverständlich, sondern bedürfen der Betonung ihrer Wichtigkeit, um im nächsten Konfliktfall statt der schnellen, schlagkräftigen Aggression wieder angewandt zu werden. Es muss sich lohnen, etwas gegen Widerstände kraftvoll und überzeugt, aber nicht mit Gewalt zu vollbringen.

8.4 Gewalt verhindern! Aber was stattdessen zulassen und verstärken?

Noch weit weniger erforscht als die Individualprävention ist die Einflussnahme einer strukturellen Prävention und die Klärung, wie deren wirksame Formen aussehen (siehe Kap. 4.6). Ein kaltes sozial-emotionales Schulklima, Anonymitätsgefühle, Konkurrenzkampf, erniedrigende Umgangsformen, polarisierende statt harmonisierende Pausenregeln und Konformitätsdruck in rivalisierenden Gruppen wirken sich aus: Unter diesen Bedingungen findet man mehr Bullying, Opferrollen unter Gleichaltrigen, Straftaten und Dissozialität. Erste Beobachtungen in Kindergärten weisen darauf hin, dass bewusste Konfliktarbeit, gruppenübergreifende Angebote zur Erweiterung der sozialen Erfahrungen und damit zur Verbesserung der sozial-kognitiven Informationsverarbeitung, Freiarbeit in Kleingruppen, Patenschaften und vor allem die Förderung sozialer Partizipation zu „anderen" Konflikten und auch anderen Konfliktlösestrategien führen als dem schnell zur Gewohnheit werdenden Sieg des Stärksten.

Präventionsspezialisten verweisen darauf, dass in pädagogisch begleiteten Kindergruppen, vor allem wenn in diesen Partizipation ermöglicht wird, Freiräume eröffnet werden, in denen Fähigkeiten zur Wahrnehmung, Artikulierung und Durchsetzung fremder wie eigener Interessen erworben werden können – vorausgesetzt, sie basieren auf sozial akzeptierten Mitteln und berücksichtigen die Bedürfnisse und Absichten anderer. Nur so erfährt ein junger Mensch seine Möglichkeiten und seine Grenzen (Sturzbecher & Großmann 2002).

Betrachten wir Kinder im Kindergartenalter – irgendwo auf der Welt – so wird deutlich, dass die körperliche Auseinandersetzung zu ihrem Aktivitätsmuster gehört. Schlägereien und körperliche Gewaltausübung zwischen Kindern darf niemand akzeptieren, doch gehören körperliche Auseinandersetzungen wie Raufen und Balgen zum Aktivitätsmuster von Kindern im Kindergarten- und Grundschulalter. Bei den Jungen mehr als bei den Mädchen. Viele Konflikte werden so in Abwesenheit von Erwachsenen schnell und nachhaltig versöhnend gelöst. Dabei ist immer vorausgesetzt, dass das Kräfteverhältnis und die Fairness stimmen. Doch dieses Verhalten muss man lernen und üben – und zwar anfangs im Beisein von Erwachsenen. Es ist nicht empfehlenswert, jeden körperlichen Kampf zu verbieten, denn die faire Auseinandersetzung beim Kräftemessen scheint *eine* adäquate Konfliktlösestrategie dieser Altersgruppe zu sein. Die Verteufelung jeglicher Form der tätlichen Auseinandersetzung hat die Schlagkraft verbaler Aggression unterschätzen, die Verletzungen relationaler Aggression nicht ernst nehmen lassen.

8.5 Gewaltdistanz(ierung) fördern – ein neues Ziel

Kann man Gewaltdistanz fördern, ist Gewaltdistanz zu lernen? Und welcher Voraussetzung bedarf es dabei? Bei der Beantwortung dieser Frage steht die Problemzentrierung und Defizitorientierung der aktuellen Forschung im Weg: Hier geht es noch immer schwerpunktmäßig darum, was zu verhindern ist – und viel zu wenig darum, welche Elemente der Sozialisations- und Verhaltensweisen gezielt gefördert werden sollten, damit man sich von Gewalt distanzieren kann. Die momentane Abwesenheit von Krieg in Europa bedeutet noch lange keinen Frieden (Möller 2001). Wir kennen noch viel zu wenige Momente, die positive, gewaltferne Entwicklungen begünstigen oder in Gang setzen können.

Bei der Arbeit mit gewalttätigen Jugendlichen „verspürt" man, dass Gewaltdistanzierungen nicht ohne Abbau von übertriebenen Männlichkeitsvorstellungen wie Großspurigkeit, Härte, Coolness, angebliche Schmerzresistenz etc. realisierbar sind. Untersuchungen zeigen, dass gewaltdistanzierte Jungen in Familie, Schule und Freizeit genügend Integration und Anerkennung erleben, sodass es ihnen möglich ist, ihr Leben zu gestalten und zu bewältigen und hierfür auch Bestätigung zu bekommen.

Kennzeichnend ist, dass sich diese Jungen gar nicht oder kaum an traditionellen Männlichkeitsmustern orientieren. Warum haben sie diese krassen Muster nicht ausgebildet und verinnerlicht? Hier gibt es ein eindeutiges Ergebnis: Die Annäherung an Gewaltdistanz geschieht bei Jungen vor allem über männliche Beziehungspersonen. Denn diese Jungen stammen aus Familien, in denen die Väter präsent sind und das alltägliche Erziehungsgeschehen mitbestimmen. Oder es halten sich andere Männer bzw. ältere Jugendliche im sozialen Umfeld dieser Jungen auf und tragen zu dieser speziellen Orientierung bei. Ebenso positiv in Sachen Gewaltdistanz wirkt sich auch der Kontakt mit Mädchen aus – von frühen häufigen gemeinsamen Aktionen, über normale Freundschaftskontakte bis hin zu Beziehungen. Hier wirkt nicht nur der Freundinnenkontakt, sondern vor allem der hiermit verbundene Cliquenwechsel. Jungen mit Mädchenkontakten haben vermehrt Kontakt zu anderen Jungen, die auch vieles zusammen mit Mädchen machen. Diese Jungen haben weniger mit „beiläufigen" Gewalttätigkeiten zu tun, da sie ihre Zeit anders und anderswo nutzen.

Dieser kurze Blick auf die Gewaltdistanz-Forschung zeigt, dass sich unser Präventionsblick erheblich erweitern muss, sollen wirklich alle Möglichkeiten berücksichtigt werden, kompetenter mit unserer Aggressivität umzugehen.

... konkrete Antworten für die Praxis

- ➔ Aggression kann in sozial akzeptierter Form vorliegen oder als inakzeptable Gewalt und Einschüchterung.
- ➔ Man kann sich vor dem Erziehungsthema „Aggression" nicht drücken und hoffen, sie verschwinde von allein.
- ➔ Gewalt muss auch strukturell präventiv angegangen werden. Wichtige Stichworte sind Kindergarten- und Schulhauskultur, Konkurrenzkämpfe und Partizipation.
- ➔ Aggressionskompetenz und Gewaltdistanzierung kann man lernen und als lohnenswerte Ziele erkennen.

Literatur

Bastian, T. (2007): Gewaltig geschämt, Gehirn & Geist, 6, 35.

Baur-Schmidberger, B, & Gärtner, H. (1995): Verhaltensänderungen bei Kindern in Abhängigkeit von der Gesamtzahl – Beobachtungen im Kindergarten. Diplomarbeit, Psychologisches Institut der Albert-Ludwigs-Universität in Freiburg.

Becker-Textor, I. (1997): Schwierige Kinder gibt es nicht – oder doch? Herder, Freiburg.

Benenson, J. F., Carder, H. P. & Geib-Cole, S. J. (2008): The development of boys' preferential pleasure in physical aggression. Aggressive Behavior, Vol 34(2), March-April, pp. 154-166.

Bensel, J. & Haug-Schnabel, G. (7. überarb. und aktual. Auflage 2009): Kinder beobachten und ihre Entwicklung dokumentieren. kindergarten heute spezial. Herder, Freiburg.

Bischof-Köhler, D. (2000): Empathie, prosoziales Verhalten und Bindungsqualität bei Zweijährigen. Psychologie in Erziehung und Unterricht 47, S. 142-158.

Bowie, B. H. (2007): Relational aggression, gender, and the developmental process. Journal of Child and Adolescent Psychiatric Nursing, Vol 20(2), 107-115.

Bronner, K. & Behnisch, M. (2007): Mädchen- und Jungenarbeit in den Erziehungshilfen. Weinheim, Beltz.

Buhrfeind, A. (2000): Max auf der Palme. PIXI-Serie 123. Carlsen, Hamburg.

Caspi, A., Elder, G. H., Jr. & Bem, D. J. (1987): Moving against the world: Life-course patterns of explosive children. Developmental Psychology 23 (2), pp. 308-313.

Crick, N. R. & Dodge, K. A. (1994): A review and reformulation of social information-processing mechanisms in children's social adjustment. Psychological Bulletin 115 (1), pp. 74-101.

Deutsche Liga für das Kind (2001): „Kinder sind unschlagbar! Keine Gewalt in der Erziehung". Film von Heike Mundzeck (erhältlich über Deutsche Liga für das Kind, Charlottenstr. 65, 10117 Berlin).

Dittrich, G., Dörfler, M. & Schneider, K. (1997): „Am liebsten hätt' ich keine". Konflikte unter Kindern. Erzieherinnen berichten aus ihrem Alltag. Deutsches Jugendinstitut (DJI) 3/97.

Dittrich, G., Dörfler, M. & Schneider, K. (2001): Wenn Kinder in Konflikt geraten. Eine Beobachtungsstudie in Kindertagesstätten. Neuwied, Luchterhand.

Frick, J. (2007): Die Kraft der Ermutigung. Bern, Hans Huber.

Gugel, G. (2008): Handbuch Gewaltprävention. Für die Grundschule und die Arbeit mit Kindern. Grundlagen – Lernfelder – Handlungsmöglichkeiten. Tübingen, Institut für Friedenspädagogik.

Gürtler, H. Gesponnen oder gelogen. http://www.familienhandbuch. de/cmain/f_Aktuelles/a_Haeufige_Probleme/s_1050.html

Hafen, M. (2002): Fil rouge oder: einfache Lösungen gibt es nicht. SuchtMagazin 4 (2), S. 3-8.

Hassenstein, B. (2001): Verhaltensbiologie des Kindes. Heidelberg, Spektrum Akademischer Verlag.

Haug-Schnabel, G. (2001): Die „Natur des Menschen" und die Beachtung des humanitären Völkerrechts. S. 178-194. In: Hasse, J., Müller, E. & Schneider, P. (Hrsg.) Humanitäres Völkerrecht. Baden-Baden, Nomos Verlagsgesellschaft.

Haug-Schnabel, G. (2003a): Erziehen – durch zugewandte und kompetente Begleitung zum selbsttätigen Erkennen und Handeln anleiten. S. 40-54. In: Gebauer, K. & Hüther, G. (Hrsg.) Kinder brauchen Spielräume. Perspektiven für eine kreative Erziehung. Düsseldorf, Walter.

Haug-Schnabel, G. (2003b): Aggressionen im Kindergarten. S. 1-25. In: Krenz, A. (Hrsg.) Handbuch für Erzieherinnen. Landsberg am Lech, mvg-Verlag.

Haug-Schnabel, G. (2004a): Kinder von Anfang an stärken. Wie Resilienz entstehen kann. Theorie und Praxis der Sozialpädagogik (TPS) (5), S. 4-8.

Haug-Schnabel, G. (2004b): Verhaltensbiologische Erkenntnisse aus der Mutter-Kind-Bindungsforschung. Die Hebamme 17 (3), S. 144-151.

Haug-Schnabel, G. & Bensel, J. (2007): Transfer interdisziplinärer Ergebnisse der Genderforschung in die Praxis. S. 93-109. In: Krebs, U., Forster, J. (Hrsg.) „Sie und Er" interdisziplinär. Berlin, LIT Verlag.

Haug-Schnabel, G. & Bensel, J. (2006): Kinder unter 3 – Bildung, Erziehung und Betreuung von Kleinstkindern. kindergarten heute spezial. Freiburg, Herder.

Hillenbrand, C. & Hennemann, T. (2005): Prävention von Verhaltens-störungen im Vorschulalter. Vierteljahresschrift für Heilpädagogik und ihre Nachbargebiete 74 (2), S. 129-144.

Institut für Gewaltprävention und angewandte Kriminologie: Grund-lage der aktuellen Debatte zum Thema Jugendgewalt. Presseverlautbarung vom 1.1.2008. http://www.igak.org/aktuell/index.php?/archives/164-Grundlage-der-aktuellen-Debatte-zum-Thema-Jugendgewalt.html)

Irwin, R. & Gross, A. M. (1995): Cognitive tempo, violent video games, and aggressive behavior in young boys. Journal of Family Violence 10 (3), pp. 337-350.

Jugert, G., Scheithauer, H., Notz, P. & Petermann, F. (2000): Geschlechtsunterschiede im Bullying. In: Kindheit und Entwicklung 9, 4, S. 231-240.

Juul, J.& Jensen, H. (2004): Vom Gehorsam zur Verantwortung. Für eine neue Erziehungskultur. Patmos, Düsseldorf.

Kazdin, A. E. (2008): The Kazdin method for parenting the defiant Child with no pills, no therapy, no contest of wills. Boston, Houghton Mifflin Company.

Kotch, J. B., Lewis, T. & Hussey, J. M. (2008): Importance of early neglect for childhood aggression. Pediatrics, Vol 121(4), pp. 725-731.

Krenz, A. (2005): Was Kinder brauchen. Aktive Entwicklungsbegleitung im Kindergarten. Weinheim, Beltz.

Krumm, V. & Weiß, S. (2000): Ungerechte Lehrer. Zu einem Defizit in der Forschung über Gewalt an Schulen. Psychosozial 23 (1), S. 57-73.

Largo, R. H. & Benz-Castellano, C. (2005): Entwicklungsaufgaben und Krisen in den ersten Lebensjahren. S. 75-87. In: Thun-Hohenstein, L. (Hrsg.) Übergänge – Wendepunkte und Zäsuren in der kindlichen Entwicklung. Göttingen, Vandenhoeck & Ruprecht.

Lemerise, E. A. & Arsenio, W. F. (2000): An integrated model of emotion processes and cognition in social information processing. Child Development 71 (1), pp. 107-118.

Leu, H. R. (2006): Beobachtung in der Praxis. In Fried, L. & Roux, S. (Hrsg.) Pädagogik der frühen Kindheit (S. 232-243). Cornelsen Scriptor, Berlin.

Lösel, F.& Bliesener, T. (2003): Aggression und Delinquenz unter Jugendlichen. Untersuchungen von kognitiven und sozialen Bedingungen. München, Luchterhand.

Lösel, F., Bliesener, T. & Averbeck, M. (1997): Erlebens- und Verhaltensprobleme von Tätern und Opfern. S. 137-153. In: Holtappels, H. G., Heitmeyer, W., Melzer, W. & Tillmann, K.-J. (Hrsg.) Forschung über Gewalt an Schulen. Weinheim, Juventa.

Lösel, F., Bliesener, T. & Bender, D. (2007): Social information processing, experiences of aggression in social contexts, and aggressive behaviour in adolescents. Criminal Justice and Behavior, Vol 34(3), pp. 330-347.

Martin-Jung, H. (2008): Nach dem Spiel ist vor dem Kampf, Süddeutsche Zeitung, 271, 18, 21.11.2008.

Mayr, T. (1998): BEK – Beobachtungsbogen zur Erfassung von Entwicklungsrückständen und Verhaltensauffälligkeiten bei Kindergartenkindern. München, Staatsinstitut für Frühpädagogik (IFP).

Medicus, G. (1994): Humanethologische Aspekte der Aggression. S. 29-56. In: Schöny, W., Rittmannsberger, H. & Guth, C. (Hrsg.) Aggression im Umfeld psychischer Erkrankungen. Ursachen, Folgen, Behandlung. Linz, Edition pro mente.

Möller, K. (2001): Coole Hauer und brave Engelein. Gewaltakzeptanz und Gewaltdistanzierung im Verlauf des frühen Jugendalters. Opladen, Leske + Budrich.

Nickel, H. & Schmidt-Denter, U. (1980): Sozialverhalten von Vorschulkindern. München, Ernst Reinhardt.

Olweus, D. (1979): Stability of aggressive reaction patterns in males: A review. Psychological Bulletin 86 (4), pp. 852-875.

Olweus, D. (1995): Gewalt in der Schule. Was Lehrer und Eltern wissen sollten – und tun können. Bern, Hans Huber.

Parens, H. (1995): Kindliche Aggression. München, Kösel.

Petermann, F., Döpfner, M. & Schmidt, M. H. (2001): Aggressiv-dissoziale Störungen. Leitfaden Kinder- und Jugendpsychotherapie (Bd. 3). Göttingen, Hogrefe.

Petermann, F., Niebank, K. & Scheithauer, H. (2004): Entwicklungswissenschaften. Entwicklungspsychologie-Genetik-Neuropsychologie. Berlin, Springer.

Petermann, U., Petermann, F., Koglin, U. (2008): Entwicklungsbeobachtung und -dokumentation. Eine Arbeitshilfe für pädagogische Fachkräfte in Krippen und Kindergärten. Berlin, Cornelsen Scriptor.

Ravens-Sieberer, U., Wille, N. & Settertobulte, W. (2007): Was fördert das gesunde Aufwachsen von Kindern in Familien? Eine qualitative

Studie im Auftrag der AOK – Die Gesundheitskasse und des *stern* durchgeführt von der Gesellschaft für angewandte Sozialforschung (GE-F-A-S), Gütersloh.

Rohrmann, T. (2003): Was brauchen Jungen? Vielfältiges „Junge-Sein" ermöglichen. S. 114-127. In: Büttner, C. & Nagel, G. (Hrsg.) Alles Machos und Zicken? Seelze-Velber.

Scheerer, A. K. (2008): Krippenbetreuung: Scheitern und Gelingen. Psychologie heute 6, S. 32-37.

Scheithauer, H. (2003): Aggressives Verhalten von Jungen und Mädchen. Göttingen, Hogrefe.

Schlag, T. (2003): Wenn Kindern fehlt, was Kinder brauchen... weshalb jetzt gesellschaftliches Umdenken gefordert ist. Politische Studien, 54, Sonderheft 3, S. 128-137.

Schmidt-Denter, U. (1980): Soziale Konflikte im Kindesalter – Eine Übersicht über Forschungsergebnisse und theoretische Konzepte. S. 173-207. In: Klauer, K. J. (Hrsg.) Jahrbuch für empirische Erziehungswissenschaft. Düsseldorf, Schwann.

Siegel, A. E. & Kohn, L. G. (1959): Permissiveness, permission and aggression: The effect of adult presence or absence on aggression in children's play. Child Development 30 (1), pp. 131-141.

Simoni, H., Herren, J., Kappeler, S. & Licht, S. (2008): Frühe soziale Kompetenz unter Kindern. S. 15-34. In: Malti, T.; Perren, S. (Hrsg.) Soziale Kompetenz bei Kindern und Jugendlichen. Entwicklungsprozesse und Förderungsmöglichkeiten. Stuttgart, Kohlhammer.

Sturzbecher, D. & Großmann, H. (2002): Partizipation als Strategie zur Gewaltprävention. Pädagogisches Landesinstitut Brandenburg (Hrsg.) Information für Schule und außerschulische Arbeit zu Gewalt, Rechtsextremismus und Fremdenfeindlichkeit. Ludwigsfelde, PLIB.

Sturzbecher, D. & Wurm, S. (2001): Jugend in Ostdeutschland: Wertorientierungen, Zukunftserwartungen, Familienbeziehungen und Freizeitcliquen. S. 33-84. In: Sturzbecher, D. (Hrsg.) Jugend in Ostdeutschland – Lebenssituationen und Delinquenz. Opladen, Leske & Budrich.

Zumkley, H. (1994): The stability of aggressive behavior: A meta-analysis. German Journal of Psychology 18 (4), pp. 273-281.